THE PRACTICAL ENNEAGRAM

超实用 九型人格心理学

畅销5版

杨珊珊——著

中国法制出版社
CHINA LEGAL PUBLISHING HOUSE

九型人格心理学

在我们生活的世界里，人是最复杂的动物，而看清楚身边的人，了解他的心理与个性，大概是每个人都有的迫切需要和强烈愿望。读懂身边的人，我们才能在生活中一帆风顺，在工作中无往不利，在人际交往中其乐融融。那么，怎样才能读懂身边的人呢？“九型人格”就为我们提供了一套便捷高效的工具。

如果你身边的A对细节格外挑剔，力求一切都完美无瑕，那他可能是个完美主义者；

如果你身边的B天生热心肠，为了满足别人的需求而忽略了自己，那他可能是个给予者；

如果你身边的C把工作和业绩看得高于一切，是个不折不扣的工作狂，那他可能是个实干者；

如果你身边的D多情、敏感、忧郁，喜欢自由，不甘平淡，那他可能是个浪漫主义者；

如果你身边的E总是跟人群保持距离，冷眼旁观，不时做沉思状，那他可能是个观察者；

如果你身边的F经常疑神疑鬼，焦虑不安，那他可能是个怀疑论者；

如果你身边的G是大家的开心果，吃喝玩乐样样精通，那他可能是个享乐主义者；

如果你身边的H喜欢扮演保护者的角色，统揽全局，掌控一切，那他可能是个领导主义者；

如果你身边的I是个和事佬，像个消防员一样调和一切分歧，那他可能是个调停者。

不过，别忘了，人是非常复杂的，很少有人具有单一的某种人格特征，在某种类型的人格中可能混杂着其他类型的特征。有了九型人格的分析工具，你就可以对身边的人做出大致的判断了。

“知己知彼，百战不殆。”了解身边的人，我们才知道该如何与他们相处、合作。希望本书能对你的工作、生活和人际交往有所帮助。

目录

第一章

古老的人格分类
——九型人格

根据古老的分类，将九型人格分成完美主义者、给予者、实干者、浪漫主义者、观察者、怀疑论者、享乐主义者、领导主义者和调停者。本章将为你揭开九型人格的起源，盘点各类型的特点，并测试你属于哪一种人格类型。

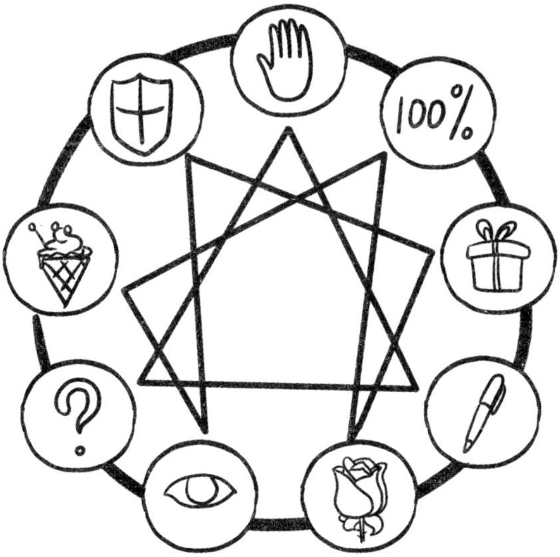

九型人格诞生记

有关九型人格的起源和发展，学者们众说纷纭。目前比较主流的说法有两种：一种认为九型人格符号体系最初出现于伊斯兰神秘主义教派苏菲派的某些教团中；另一种认为九型人格早在公元前2500年的巴比伦就出现了。但是这两种说法都仅仅是人们的推测而已。

以上推测使九型人格的起源变得晦暗不明，一些人坚信九型人格来自七宗罪的观念，加上其他两宗罪，就构成了“九宗罪”。其中，七宗罪包括愤怒、傲慢、妒忌、贪婪、饕餮、淫欲和懒惰，另外的两宗罪是欺骗和恐惧。这九宗罪分别代表了一种主导人格，因而衍生出后来的“九型人格”。

九型人格真正得以发展，要归功于以下几个人。

第一位是乔治·葛吉夫（1877—1949年）。他是一位崇尚冒险的探险家，是神秘的灵修导师以及孜孜不倦的求知者。对于他的评价不尽相同，有人认为他不过是一个玩弄手段的江湖骗子，也有人认为他是一个资深的心理学家。但是不管怎么说，葛吉夫将数学符号体系运用在了九柱图上。他的九柱图将圆周分为了九等份，每等份连接起来就形成了一个三角形和一个不规则的六边形。葛吉夫分析说，九柱图中的三角形代表了更高力量的所在，而六边形则代表了不同的人。

通过葛吉夫的努力传播，九型人格在20世纪初逐渐被欧洲人所熟知。在俄国十月革命之前，葛吉夫带着自己的研究成果在圣彼得堡和莫斯科集中讲授九型人格。后来，葛吉夫又在位于巴黎城外的枫丹白露附近创立了自己的学校。这样，九型人格伴随着葛吉夫的思想，通过巴黎、伦敦、纽约以及世界各地小范围的私人研究群体传播开来。

值得注意的是，虽然葛吉夫对九型人格的探究有一种历史的意味，但是他却没有直接证明九种类型的理论，也没有和九型人格符号体系建立联系。我们唯一可以承认的是他首先让西方人认识了九型人格的符号体系，并且综合了其他研究者对九型人格研究的相关观点。

第二位是奥斯卡·伊察索。他是艾瑞卡研究所的创始人，也是九型人格的真正创始人。伊察索的主要贡献在于，他围绕着九型人格中对九种“自我固着”和“私欲”的分布排列以及相关的实例说明，开启了人们对自我结构中精神潜能的探索。

伊察索最初在玻利维亚的拉帕兹应用心理学研究所讲授九型人格。后来，他辗转到了智利，继续对九型人格进行研究。1971年，伊察索来到了美国，并且建立了艾瑞卡研究所，专门进行九型人格的研究。伊察索建立的理论体系称为“九角图”，他将九种人格类型的核心观点和九型人格符号体系按照正确的排列组合在了一起，并且将这个体系放在了灵修教学的大语境中。这个体系不但能帮助我们正确地认识自己，而且能激发我们对九型人格理论和实践的兴趣。

伊察索对九型人格的研究和解释内容繁杂，各个角度都有涉及，他的研究成果在北美许多大城市的艾瑞卡研究小组和出版物上都可以找到。

第三位是克劳迪奥·纳兰霍博士。纳兰霍博士是一位著名的精神病学家，他早在1970年就参加了伊察索在智利组织的艾瑞卡研究小组。在这个小组中，纳兰霍博士不仅了解了九型人格，还了解了伊察索哲学体系的其他方面。回到美国后，纳兰霍博士自行成立了非正式小组，开始讲授九型人格，这个小组被称为SAT（Seekers after Truth），即“真理追求者”。

纳兰霍博士扩展了对九型人格类型的描述，他发现九型人格的类型与精神病学各范畴之间是有联系的。纳兰霍博士作为精神病学家对所在小组的成员进行访谈，并从中提取有用的信息，以此来完善他对每个类型的认识，对九型人格体系做出了很多补充。

可以说，纳兰霍博士的研究和发展让九型人格更加完善。

第四位是罗伯特·奥克斯神父。奥克斯神父是通过纳兰霍博士及其小组得到的有关九型人格的资料。因为对这些资料有极大的兴趣，奥克斯神父带着它们向耶稣会修士传授其精髓。

起初，耶稣会材料上的核心是包括九个印象式的人格类型轮廓图，后来经过耶稣会修士的不断深入研究，不断地深化和完善，直到对九种类型做出了简短的、印象式的描述。至此，这个描述开始在北美一些地区流传开来。

这四个人的努力使九型人格慢慢被整个世界意识到了。从 20 世纪 70 年代开始，所有接触到九型人格的导师都会根据自己的理解不断补充九型人格的材料，并且将自己的理解一并传授给学生；这些学生又融入自己的东西，转而成为九型人格的传授者。就这样，九型人格被代代相传，并且不断地发生着变化。

尽管后续添加的内容，使人们的认识实现了某种进步和跨越，但是也有一些认识偏离了九型人格最初的方向。从理论上看，九型人格确实有一定道理，但是通过理论指导实践时，收到的效果却微乎其微。

苏菲教曾经有这样一则故事：

阿拉伯的一个智者有一个远方亲戚，这个亲戚来看望他的时候，为他带了一只鸭子。智者很高兴，就将这只鸭子杀了，做成美味的鸭汤来招待亲戚。可是，很多人知道这个消息后，都想品尝鸭子的美味，于是，他们纷纷跑来拜访智者，并且声称自己是那个送鸭人的朋友的朋友。

这件事惹怒了智者，有人再来讨鸭汤的时候，智者就给他一碗白开水，来人不解地问："我要喝的是鸭汤，这是什么啊？"智者不紧不慢地说："这是鸭汤的汤的汤啊！"

这则故事告诉我们，当喝汤的人越来越多的时候，鸭汤也就失去了它最初的美味。九型人格的传播也是如此，随着人们的不断传播和扩展，最初古老的智慧变得越来越模糊，人们甚至忘记了九型人格最初的模样和来源。

但是不管怎样，流传下来的九型人格理论依然有着自己的魅力。通过对它的研究，你会重新认识自己，并且能用这个理论来解释自身的经验和人格类型，体验到一种认知上的震撼。

逐一盘点九型人格

根据古老的分类，将九型人格分为完美主义者、给予者、实干者、浪漫主义者、观察者、怀疑论者、享乐主义者、领导主义者和调停者。各自特点如下：

第一种类型：完美主义者——完美型

完美主义者对自己和他人都有着很高的要求。他们自身有一种很强的优越感，认为自己强于他人；对待问题的解决，他们总认为会有唯一正确的方法，但是在解决问题的过程中，会显得犹豫不决，因为他们害怕犯错误，因而经常拖延行动。他们经常使用的词汇是“应该”和“必须”。

完美主义者在生活中为了追求完美，常常需要付出很大牺牲，并且在心中对自己的行为进行严格的控制。最终，他们获得成功的快乐会被自身自我控制的快乐所淹没。完美主义者经过不断的修炼，可以成为人们崇拜的代表睿智的精神偶像。

第二种类型：给予者——奉献型

给予者为了获得他人的好感和认同，总是不断地对他人提供帮助，满足他人的需求，希望自己成为他人不可缺少的一部分，从而获得被爱和被欣赏的感觉。给予者具有多样的自我，能在不同的朋友面前展示不同的自我，本身具有很强的控制能力；能在朋友中处于中心地位，具有吸引人的特质，常常引人注目。

给予者为了满足别人的需求，总是会压抑自己的需求，因而心里会有一种很强的失落感。同时，因为他们拥有多个自我，在角色扮演中，也会产生混乱和困惑，有时会感到自己在愚弄他人。

第三种类型：实干者——成功型

实干者喜欢接受竞争和挑战，追求成就感。他们希望通过自己的行动和成就获得他人的爱，因而他们总是将自己想象成一个成功者或者是拥有相当社会地位的人。实干者注重自己的外表形象，精于打扮。他们常常将真正的自我和工作中的角色混为一谈，看上去往往要比实际情况更加优秀。

实干者很符合当代社会上的成功人士，他们年轻有为、精力充沛、积极向上，但是在不断忙碌中，他们会忽略对自身创造力的开发。他们总是将自己的时间安排得满满当当，很少有停下来休息和反思的时间，因而会牺牲内心生活。

第四种类型：浪漫主义者——自我型

浪漫主义者的性格内向、忧伤、敏感而具有艺术家的气质，他们会因为一个朋友的离开而伤心不已，也会痴迷上一个并不存在的恋人。他们总是被不切实际的幻想所吸引，并且沉湎其中无法自拔，他们是一群生活在自己幻想中的思想家。

抑郁和悲伤是浪漫主义者常见的情绪，他们拒绝那些轻易就能获得的东西，认为无法得到的才是美好的。他们不习惯生活中的琐碎和平淡，认为这些会破坏他们脑海中对美好画面的想象。但与此同时，他们又有一种独特的魅力，能帮助那些处于危难和悲伤中的人，让他们尽快地走出情感和生活的创伤。

第五种类型：观察者——知识型

观察者在情感上总是和周围的人保持一定的距离，他们很注重对自己隐私的保护，不愿意牵扯到别人的生活之中。他们有时宁愿一个人待着，也不愿意出去参加集体活动。他们将自己的责任和义务分得很清楚，对于与自己无关的人和事，他们很少去接触和体验，有时也会因为自己本身的义务和别人对他们的需要而感到心烦意乱。

观察者的内心就像一座壁垒森严的城堡，城堡的主人很少离开自己的城堡，他总是站在自己的城堡内，悄悄观察来到城堡中的人。他们为了躲避社交和人群，常常采取不干涉、不参与别人生活的方式。观察者经过不断修炼会成为优秀的决策制定者、象牙塔里的学者或自我约束的修道士。

第六种类型：怀疑论者——忠诚型

怀疑论者总是用怀疑的眼光看待周围的一切，有的时候会因为怀疑而产生对周围环境的害怕和疲惫，但是他们依然会坚持自己的怀疑。怀疑论者在采取行动的时候总是犹豫不决、左右为难，他们对失败的原因非常敏感，同时他们反对和厌恶独裁。他们在行动中会表现得非常忠诚，并且非常愿意牺牲自我。

对怀疑论者而言，他们的态度会有两种极端：一种是患有恐惧症的怀疑论者，他们在行动中犹豫不决，觉得自己受到了迫害，常常会通过屈服来保护自己；另一种是反恐惧症的怀疑论者，他们在行动中也有顾虑，但是他们会勇敢地站出来面对恐惧，以积极主动的方式化解疑惑。怀疑论者经过不断修炼会成为团队中的好成员以及忠诚的战士，他们是为了某种理想而工作的人。

第七种类型：享乐主义者——欢乐型

享乐主义者是像孩子一样天真的成年人，他们渴望自己永远年轻，对任何事物都是处于一知半解的态度，爱好冒险，感情肤浅，会不断地更换周围的朋友和恋人。他们不喜欢做出承诺，总是希望自己会有多种选择。他们会让自己一直处于情绪的高涨中，喜欢那种如同明星一样被前呼后拥的感觉。做事经常半途而废。

享乐主义者有着严重的自恋倾向，他们时常沉迷于自己独特的气质中，而对周围的客观真相视而不见，只追寻支持他们观点的环境和人。但他们会消除环境的枯燥和乏味，让生活充满乐趣和希望。享乐主义者经过不断修炼，可以成为优秀的综合管理家和理论家，也可以成为多才多艺的人。

第八种类型：领导主义者——领袖型

领导主义者具有很强的保护能力，他们主动负责、积极好斗，愿意保护自己的亲人和朋友。他们不会控制自己的脾气，会公开地发泄怒火，以此来展示自己的力量。他们不喜欢私底下的行为和动作，与周围人的接触和冲突都会采取面对面的方式解决，对勇敢站出来接受自己挑战的对手充满敬意。

领导主义者有着“弱肉强食，优胜劣汰”的世界观，他们总是将精力放到外界，寻找那些该受到惩罚的人，但他们却不会对自己进行惩罚。他们有时会暴饮暴食和大声喧哗，以此来发泄自己的情绪。此类型者经过不断修炼，可以成为优秀的领导者或是孤胆英雄。

第九种类型：调停者——和平型

调停者为人温和亲切，不会对人直接发脾气，他们自身充满着矛盾，他们会考虑周围所有人的观点，并因此而放弃自己的观点。调停者对于他人的需求十分敏感，会及时满足他人的需要，而对自己却是不确定的态度，不知道自己该做些什么以及为什么而做。他们常常会放弃一些重要的事情，而从事毫无意义的琐事。

调停者很容易沉迷于食品、电视和酒精中，给予他们的时间越多，他们做的事情反而越少，他们很容易受到别人情绪的影响。对他人说“不”于调停者来说是一件非常困难的事情。调停者经过修炼，可以成为一个优秀的调解员、谈判者或顾问。

以上就是对九型人格的分类以及各个类型的特点。在现实生活中，每个人都是独立又唯一的个体。通过对九型人格的了解和学习，你就会发现自己、家人、亲戚朋友、同事领导以及周围其他人的性格特点，厘清你们之间的关系，让你更好地享受生活。

图解九型人格

我们都知道，九型人格来源于九柱图。要想了解九型人格，就得首先了解九柱图。那么，九柱图是什么呢？九柱图是在一个标准的圆上，用 1–9 这些数字以相等的等分点来标注，9 处于正中间的位置，意在体现对称，每个点代表一种人格类型。

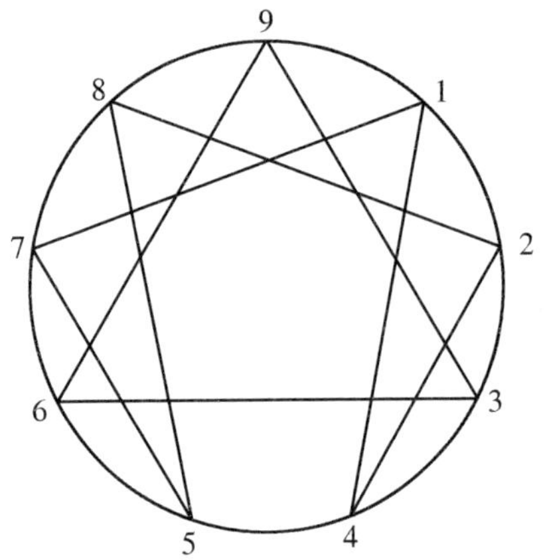

在这个图上，需要注意的是，3、6、9 三个数字正好组成了一个等边三角形；其余的点是，1 和 4 连接，2 和 8 连接，4 和 2 连接，5 和 8 连接，5 和 7 连接，7 和 1 连接，这 6 个点又构成了一个不规则的六角形。其中 1 代表完美主义者，2 代表给予者，3 代表实干者，4 代表浪漫主义者，5 代表观察者，6 代表怀疑论者，7 代表享乐主义者，8 代表领导主义者，9 代表调停者。

在九柱图上，1 到 9 的数字连接是有一定的规律和心理学意义的。总体来说，可以将 3、6、9 组成的等边三角形和其余数字组成的图形看成两个整体。这两个整体的意义就是：每一种人格类型之间的连线标志着每一种人格向健康的、自我实现的方向和向不健康的、神经质的方向发展。也就是说，你所属的人格变得越来越健康或者是不健康的时候，你就可能像九柱图中标明的线一样，沿着不同的“方向”偏离你的基本类型。

在每个类型向着健康和自我实现的方向发展时，九柱图的连接顺序是 1–7–5–8–2–4–1，也就是说，在健康和自我实现的状态下，第一种类型的人会转向第七种类型，第七种类型的人会转向第五种类型，以此类推。对于等边三角形，其顺序是9–3–6–9，即健康状态下的第九种类型人会转向第三种类型人，第三种类型人会转向第六种类型人，第六种类型人会转向第九种类型人。

但是，当每个类型的人向着不健康、神经质的方向发展时，九型人格的连接顺序又成了1–4–2–8–5–7–1。这意味着，处于不健康的状态时，第一种类型的人会转向第四种类型，第四种类型的人会转向第二种类型，以此类推。同样，在等边三角形上，数字的连接顺序是9–6–3–9，也就是说，处于不健康状态下的第九种类型人会转向第六种类型人，第六种类型人会转向第三种类型人，而第三种类型人会转向第九种类型人。

明白九柱图上数字的两种连接方向，你就能明白每种类型的人在健康或者是不健康的状态下所体现出来的行为特征了。

举个例子，第六型人格分别与第九型人格和第三型人格相连，按照九柱图所指示的方向，如果处在健康状态下，第六型人会慢慢表现第九型人的行为，即第九型人身上的东西是第六型人一直追求的。如果第六型人的主要问题在于缺乏安全感和感到焦虑，当他向着第九型人发展的时候，他就会变得轻松、平和并受人欢迎。即向着第九型人发展的第六型人要比之前多些平和、少点焦虑。

反之，朝着第三型人发展的第六型人就是不健康的状态。当不健康状态下的第六型人有一种焦虑感、不安全感和自卑感的时候，他们身上的焦虑和不安全感就会体现出第三型人的行为特点。即如果第六型人想弥补自己的自卑感，他们就会变得极其自负、傲慢、自吹自擂，就像第三型人表现出来的一样；如果第六型人的焦虑已经达到了难以平复的程度，他们就会表现出第三型人的某些神经质特征，即极力想掩盖自己的错误，欺骗他人，疯狂地追求他们相信可以帮助自己找回安全感和自尊的东西。

总之，不管你属于什么类型，不仅要了解自己所属类型的主要特质，同时还要熟悉所属类型朝着健康或者不健康方向发展的类型，将这几种类型整合在一起，才是属于你最完整的自我图像。

与此同时，从分析层面上来说，人们又将九种人格划分为了三个元组，即情感三元组、思维三元组和本能三元组。在这三个三元组中，每一种人格类型都有自己在健康和不健康项目之下的行为表现，通过对这些健康和不健康行为的分析，会让你对每种人格有更加真切的认识。

一、情感三元组包括 2、3、4，也就是给予者、实干者和浪漫主义者。给予者会过度表现自己的情感，并且只表现正面情感而压抑负面情感；实干者与情感完全没有联系，为了给他人留下良好的印象，他们经常压抑自己的情感，以便有更多的精力投入工作之中；浪漫主义者总是试图通过某种艺术化的生活或者审美方式间接地表现自己，并且浪漫主义者的情感极易受到幻想的影响。

在情感三元组中，给予者、实干者和浪漫主义者在涉及情感的问题上都有着相同的优点和弱点。如果他们都处于健康的状态，那么他们的情感将是他们性格中最受欢迎的部分，对他们的人际关系有很大的帮助；可是如果他们都处于不健康的状态，他们的感情也会因此而失去平衡。

在健康状态下的给予者的力量来自维系自己和他人的情感能力，他们渴望得到别人的爱，却也因此常常冒犯他人；不健康状态下的给予者会欺骗自己，否认自己的不良情绪，希望时时刻刻给别人表现自己良好的一面，却忽略自己对他人进行控制的事实。

在健康状态下的实干者的力量来自他们总是不断提升自己以及自己适应他人的能力。他们拥有一种鼓励他人的能力，能适时地压抑自己的情感，使别人更加喜欢自己；不健康状态下的实干者在得不到自己想要的赞美和注意时，会对周围的人和事充满敌意。

在健康状态下的浪漫主义者的力量来自客观自省的能力，他们会用各种各样的方式展示自己的情感并很好地与他人交流，使自己和他人一直保持联系；不健康状态下的浪漫主义者会感到极度的忧郁和悲伤，经常进行自我怀疑和自我否定，甚至疏远人群，更严重者会不适应现实的环境，走上自杀的道路。

总体而言，在情感三元组中，给予者、实干者和浪漫主义者都会面临“认同”和“敌视”的共同问题，他们认同和敌视的对象有时是自己，有时是他人，有时两者都有。

二、思维三元组包括5、6、7，也就是观察者、怀疑论者和享乐主义者。观察者会过度表现自己的思维，常常用思考替代行动，并且经常无休止地沉浸在复杂而又封闭的思想环境中；怀疑论者与思维完全失去联系，总是不断地向外寻求肯定和确认，以此来证明自己存在的价值；享乐主义者的思维发展不充分，无法进行完整的思考，总是随心所欲、虎头蛇尾。

在健康状态下的观察者对周围环境的一方面或者一些人有着极其丰富的知识，并且能针对当前所面临的处境提出创造性的解决方法；处于不健康状态下的观察者会让思考脱离现实，不但不能解决问题，反而增加许多新的问题。

在健康状态下的怀疑论者能敏锐地预测到潜在的问题，能用自己的力量为整个团体谋取福利，他们是忠诚的、值得信赖的好朋友，会将自己的一切奉献给他人；不健康状态下的怀疑论者会因为自己不断质疑的眼光而处于焦虑、自卑和缺乏安全感的环境中，有时也会做出自我毁灭的行径。

在健康状态下的享乐主义者热情洋溢，在参与各种各样的活动中都有非凡的建树和才能，深受周围人的喜欢；处于不健康状态下的享乐主义者常常以自我为中心，不断地想象，却总是错失最佳的机会，就像一个闲散浪荡的逃避者。

总之，对于思维三元组的观察者、怀疑论者和享乐主义者而言，他们都有“不安全感”和“焦虑”的问题，但是他们各自处理这些问题的方式又是有差异的。

三、本能三元组包括 8、9、1，即领导主义者、调停者和完美主义者。领导主义者总是着急地对外部环境做出本能的强烈反应，而不能静下心想象自己的行为会造成怎样的后果；调停者完全脱离了本能，他们不愿意对这个世界以及周围发生的一切做出反应，从而维持自己内心的安宁和平静；完美主义者的本能发展不足，他们会制定严格的规则和强大的超我以压抑自己本能的冲动，本能一直被内在的超我死死地压抑着。

在健康状态下的领导主义者会拥有强大的生命活力和敏锐的直觉，他们强大能干，有无比的力量和自信，会激励周围人做出伟大的成就；而不健康状态下的领导主义者具有很强的攻击性，一味地自我控制和满足，不顾及事情的后果，会无情地破坏和压制阻挡自己的一切事物。

在健康状态下的调停者有着开放豁达的心胸，会给周围人创造一种安宁与平和的气氛，让每个人都感觉很舒服；而不健康状态下的调停者会过于依附完全和自己脱节的幻想，为了让自己平静，会过分理想化，也会因此而变得极度危险和疏忽怠慢。

在健康状态下的完美主义者做事会很讲究智慧和策略，他们对对和错有着强烈的良知和正确的认识，他们理性、公正、遵守原则，会听从自己内心的声音；处于不健康状态下的完美主义者缺乏一颗宽容的心，常常自以为是，强迫性地挑剔别人的毛病，却从不反思自己自相矛盾的行为，对自己和他人都极度残忍无情。

总之，本能三元组中的领导主义者、调停者和完美主义者都存在“压抑”和“攻击性”的问题，他们对此的处理方式各不相同。与此同时，三种类型有一个共同的问题，即为了维护自我的边界，他们会抵制自己的某种感觉，并且采取不同的方式来抵制他人对自己的影响。

除了以上所讨论的人格三元组之外，你必须了解的还有一个概念，即翼型。因为人格是相对复杂的，没有哪一个人纯粹地专属于某种人格类型，大多数人都属于人格的混合体。而那个与基本类型相邻并且与之混合的类型叫作翼型。翼型是对整个人格的补充，它会将一些重要的，有时甚至是矛盾的特质加到总体人格中，使个体的人格更加完善和真实。

在某些情况下，人们的行为会受到翼型的强烈影响，但在另一些时候，受到翼型的影响却很轻微，这种现象要视情况而定。经过后人的研究发现，每个人都有两个翼型，翼型的确定与你的主导类型密不可分，即与你的主导类型人格毗邻的两种翼型与哪些人格特质结合在一起，你就最有可能具有某种特质或者具备某种翼型。

人格测试：找出你的人格类型

本问卷共分为A、B、C、D、E、F、G、H、I九个部分，每个部分有十道题目。本问卷中的问题没有对错之分，仅仅代表你的独特个性和世界观。请仔细阅读以下问题，根据自己的第一感觉快速做出“是”或“否”的判断。

A部分

1. 我肯努力改进自己的不足，直到非常完美；

2. 如果我发现错误，就要立即指正，我认为这才是对人对事的高度负责任；

3. 我认为控制细节是必须的，因为细节决定成败，不允许有一丝一毫的差错；

4. 我不愿说谎、欺骗，甚至做有违人伦的事；

5. 我习惯用自己的评价标准评价他人及事物；

6. 我做事严谨，不轻易开玩笑或闲聊；

7. 我是一个中规中矩、实际、脚踏实地的人；

8. 我常常压抑潜意识中不合理的部分；

9. 我对自己要求很高，对他人的要求同样也很高，甚至有些吹毛求疵；

10. 我经常仔细核对自己如何分配、使用时间，并谨慎地做好每天的计划，以确信我能高效率地完成每一件事。

B部分

1. 我不善于表达自己的感情；

2. 我喜欢别人欣赏我的学问和知识；

3. 我非常专注，能够长期刻苦钻研，也擅长综合观察，或是综合各种意见，喜欢思考解决问题；

4. 我认为与其自己打头阵，不如让他人去做；

5. 我不喜欢社交活动，喜欢有自己独立的空间，如果自己的私人空间被侵犯我会生气；

6. 当我正在专注做分析、做计划时，我会忘了吃饭、睡觉和换衣服这类日常生活行为；

7. 我遇到棘手的事情时，会先冷静下来，然后理智地分析；

8. 我是一个理解力强、注重分析、好奇心强、有洞察力的人；

9. 我喜欢收集东西，而且觉得总会有用得上的时候；

10. 在他人谈论某一话题时，如果自己一无所知，会感到被人看不起。

C部分

1. 我遭到拒绝、挫折时，会变得沉默，不再愿意轻易向他人表达感受；

2. 我不开心的时候，喜欢独自处理这些不开心的情绪；

3. 我想象力丰富，富有创意及艺术气质；

4. 我有时不喜欢和人交往，尤其是当和我不熟的人交往时，我会表现得沉默和冷漠，所以他们会觉得我有点神秘；

5. 我感情丰富，思想浪漫，有创意，拥有敏锐的感觉和审美的眼光；

6. 我认为人生如戏，自己是舞台的主角；

7. 我曾经被他人指责自以为是，有点悲观主义；

8. 我喜欢营造浪漫的氛围，感觉在这种氛围中自己很幸福；

9. 我会深深地被美丽的东西吸引，不管是人，还是物品，因为富有美感的东西能激发我的感情，并且增强了自我的感觉；

10. 我是独特的人，同时希望得到他人的爱，害怕自己爱的人离我而去。

D部分

1. 我是一个工作狂，总感觉自己有许多事情要完成；

2. 我是一个好胜心很强的人，喜欢与人比较，喜欢用成就衡量自己的价值；

3. 我希望自己能够成为众人的焦点，这样的我才会被大家接纳；

4. 我喜欢别人称赞我的活力和能力；

5. 我无所事事、缺乏明确的目标时就会不开心；

6. 我相信世上无难事，只怕有心人；

7. 我会坚持自己的目标，为达成目标我可以克服许多困难；

8. 为了完成任务，我会非常注重组织化、效率化，不肯浪费时间；

9. 我认为自己很有领导能力，别人也很认同；

10. 我认为第一印象至关重要。

E部分

1. 我乐于助人，如果别人需要帮助，我会第一时间伸出援手；

2. 我认为帮助了他人，就应该获得感谢，如果被他人忽略掉自己的帮助，会感到很难过；

3. 我看到他人因为我的帮助而成长时，会非常高兴；

4. 我个人的利益和集体利益或者他人利益发生冲突时，我会选择牺牲个人利益；

5. 我觉得爱与被爱是人生中非常重要的一件事；

6. 我对他人的需要很敏锐，通常不需要对方讲出口，我便能知道；

7. 我很希望被他人接受并获得他人的认同和重视；

8. 我很重视人际关系，因为从与别人的关系中我能得到自我意识；

9. 我有很多朋友，并乐于倾听他们的事情；

10. 我最大的问题是常以他人的需要为重，而忘记自己真正的需要。

F部分

1. 我做事非常小心、谨慎，不轻易相信别人，多疑；

2. 我不喜欢被人注视，安于现状，不喜欢更换新环境；

3. 我相信权威，相信专家和教授所说的话；

4. 我喜欢群体生活，为别人做事尽心尽责，但是害怕被群体忽略；

5. 我来到一个新的环境时，会感到不安和恐惧；

6. 我为人老实，愿意帮助、鼓励及体贴他人；

7. 我做事的时候容易走极端，不是一拖再拖，就是勇往直前，甚至有时候会走向危险的地步；

8. 当一个新项目要开始时，我总是担心可能出现的问题或者麻烦；

9. 我很小的时候，内心深处就常想着有一天一定要出人头地；

10. 我要求公平，期望我的付出和我的所得是相等的，有时别人可能会觉得我是斤斤计较的人。

G部分

1. 朋友和我在一起总是感觉很快乐，而且也容易受到我快乐的感染；

2. 我是一个乐观的人，喜欢追逐潮流，喜欢新鲜的事物；

3. 我是一个做事缺乏耐心的人，不喜欢从事很沉闷的工作；

4. 我觉得人活在世上很短暂，因此我们要利用好时间享受生活；

5. 我不喜欢做有压力的事情，只想过平凡和简单的生活；

6. 我喜欢开玩笑，有时候也会因为玩笑开得太过分而惹怒对方；

7. 我经常看到事物光明的一面，而忽略其黑暗的一面；

8. 我认为伤心的事情应该早早被忘记；

9. 我期望新的以及很有趣的体验；

10. 我不喜欢别人限时限刻地强迫我做事。

H部分

1. 我碰到问题时，喜欢靠自己解决，不喜欢求助他人；

2. 我相信自己有能力完成一件事情，如果是一个团体，我也有自信可以带领团体成员很好地完成任务；

3. 我是一个以自我为中心的人，遇到冲突时，我希望他人能够听从我的意见；

4. 我是一个很正义的人，如果看到有人受欺负时，我会挺身而出，伸张正义；

5. 我是一个豪爽、不拘小节的人，也不愿意被人控制；

6. 我能够快速地找出对手的弱点，并且立刻发起攻击；

7. 我工作很努力、认真，如果在工作的过程中有问题，那一定都是别人惹的麻烦；

8. 我喜欢控制大局和授权给别人的乐趣，但却不喜欢被控制；

9. 我享受鼓励及提升别人的个人力量；

10. 我非常讨厌虚伪，看重真实。

I部分

1. 我是一个温和的人，不喜欢与别人起冲突，也不爱出风头；

2. 如果别人请我帮忙，我不会拒绝，哪怕自己不愿意，也不会说出来；

3. 我喜欢在一种很放松的状态下生活；

4. 我注意力不集中，喜欢依赖别人，对大多数事情都不怎么感兴趣；

5. 我与世无争，渴望人人都能和平相处；

6. 我认为船到桥头自然直，忍一忍风平浪静，退一步海阔天空；

7. 我自认为是一个乐天派，晚上睡觉很少失眠；

8. 我不轻易批评他人，善于调解，可以令自己周围的人际关系融洽、和谐；

9. 朋友很喜欢找我倾诉，因为他们觉得我是一个很好的听众；

10. 当我被迫要表明自己的立场时，会感到有压力。

计分方法如下

将每一个部分中选择“是”的数目相加，然后将总数计入下列表格中。例如，在 A 部分中，如果你选择“是”的次数是 6 次，就在 A 的下方填入 6；在 B 部分中，如果你选择“是”的次数是 5，就将 5 填入 B 的下方，以此类推。填完之后，选择最高的分数，就代表你的类型；如果有几个部分最高分数一样，就说明几种类型你兼而有之。

项目	A	B	C	D	E	F	G	H	I
分数									

注：A 代表完美主义者

B 代表观察者

C 代表浪漫主义者

D 代表实干者

E 代表给予者

F 代表怀疑论者

G 代表享乐主义者

H 代表领导主义者

I 代表调停者

第二章

一切都要完美无瑕
——完美主义者

完美主义者富于正义感，性格独立，对人对事要求极高。他们通常只关注自己“应该”和“必须”做的事情，很少静下心来问自己真正想要什么。职场中的他们关注细节，害怕犯错误。他们追求极致的爱情，容不下一点瑕疵，有着很强的家庭观念。完美主义者要注意对自己内心中的严格标准进行修改，不要将对自己的反思变成对自我的攻击。

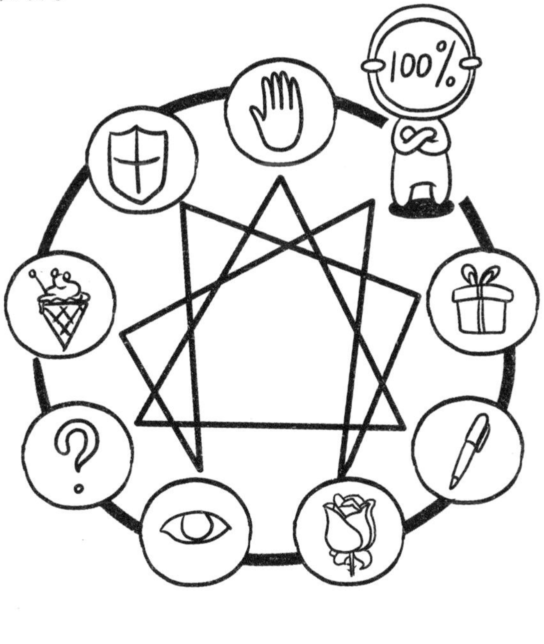

没有更好，只有最好——完美主义者

完美主义者的人生信条可以概括为——没有更好，只有最好。世界万物在他们的眼中都是不完美的，他们的职责就是力图让这些不完美变得完美。

完美主义者的总体特点如下：

第一，完美主义者渴望不断提高自己，在不断提高的过程中实现完美的人生。他们内心的正确标准变成了对自我的严格要求，也会因此而产生不断自责的思想。

第二，完美主义者对人对事的要求极高，当他们一旦发现周围的世界并没有自己想象的那般美好、周围的其他人有可能缺乏道德良知时，他们内心就会充满巨大的失望。在他们看来，最重要的事情就是争取他人对自己的肯定。

第三，完美主义者勤劳工作，富于正义感，性格独立。他们坚信，美好和善良的思想必将战胜人性中的阴暗面，人的幸福和安逸需要付出汗水来换取。想要得到快乐和幸福，需要不断地追寻和付出。

第四，完美主义者通常只关注自己“应该”和“必须”做的事情。很少静下心来问自己真正想要的是什么，想要从生活中得到什么。他们自身的期望从小就被封闭起来，只知道做正确的事情，却从不知道自己期望什么。

第五，完美主义者觉得周围的一切都有改进的空间，有些患有严重强迫症的完美主义者甚至不惜牺牲休息时间来提高自己。比如，在闭目休息的时候他们会趁机背单词，在坐公共汽车的时候，试图练习自己的正确坐姿等。

第六，完美主义者生来自我感觉良好，他们有种天生的优越感，认为自己比别人强，因而常常会因为害怕犯错误而在做一件事情的时候显得犹豫不决、畏畏缩缩。

完美主义者身上的这些特点可以让他们成为健康状态下（即更多地发扬了完美主义者的优秀品质）、常态下（即结合了完美主义者的好坏两种品质）和不健康状态下（即更多地表现了完美主义者不好的品质）的三种人。

在健康状态之下的完美主义者：他们勤奋踏实，有自己坚定的个人信念，有强烈的个人是非观念，也有一套自己的价值观和道德评判标准；他们希望在一切事情上都能做到理性和合理，他们成熟稳重，对人宽容，自我约束的能力特别强；他们会坚持自己的原则，努力将事情处理得公平和客观；他们遵守社会道德，将真理和正义看作自己的首要价值；他们常常是充满正义感的正人君子，有很高的理想追求，为人处世可以面面俱到，很有人情味，有激情和活力，能听取别人对自己有益的建议。

在常态之下的完美主义者：他们是一群不满意现状而志向高远的理想主义者，他们觉得让周围的每件事有所发展是他们义不容辞的责任；他们知道每件事情“应该”怎么去做，很怕犯错误，每件事情必须与他们的理想相一致；他们有组织、有纪律，会严格控制自己的感情流露，对其他人过于苛责，有些不近人情；他们的自制力非常强，很多都是工作狂，严格遵守时间制度，对别人很挑剔；他们对周围的任何事情都喜欢发表自己的意见，当挑出别人的毛病时，他们会纠缠不休，直到别人做出巨大的让步；他们充满强大的道德感，常会因此而大声斥责别人，对别人的态度粗鲁、野蛮；他们缺乏耐心，非要别人遵循自己的意志，对周围的很多东西都会感到不满。

在不健康状态之下的完美主义者：他们会变得极其教条，经常自以为是，缺乏容忍力，常常独断专行；他们不相信别人说的话，认为都是错误的，只坚持自己的所谓“真理”；他们觉得自己做的任何事情都是有道理的、正确的，而对别人做的事情却是横加挑剔；他们对别人要求极其严苛，常常抓住别人的过错不放；他们的行动自相矛盾，在很伪善地向别人说教的同时，自己却反其道而行之；对于干扰了他们的人和事，他们会采取粗暴的责难和责罚的态度为难对方，让对方无所适从；他们普遍存在严重的抑郁症和神经质，并且经常有企图自杀的倾向。

正如我们在上面所描述的那样，完美主义者的全部人格特质包括了人性中最高尚和最令人讨厌的方面。如果处于健康状态下，完美主义者会是一个最客观、最有原则和最具智慧的人格类型。只要是在人类可能做到的范围之内，完美主义者都不会让个人的情感影响他们公正地处理自己和他人的关系，他们所遵从的正义，不仅是对自己，更是为了所有人。

而与此相反，如果完美主义者处于不健康状态之下，那么他们就会变得极其狭隘和自私。他们不会接受别人的建议，认为自己的想法才是正确的，他们对和自己意见不一致的人极其缺乏宽容性，甚至会对这些人产生仇恨和进行报复。这类人很难控制自己的情绪和行为，是非常有害的。

根据对完美主义者童年的调查发现，完美主义者要么是生活在一个等级森严（甚至有家暴）的家庭制度里，父亲或者母亲为其设定了很多条条框框，因此在他们身上创造了一种冷酷无情的超我机制。他们不断地提示自己“除非你做得更好，并且要永远做得更好，否则你是不会被接纳的”；要么就是生活在相对平和与普通的家庭里，家人或者同龄人的状态让他们感到不满，他们希望自己有更大的成就，因而努力奋斗，想让自己变得比实际年龄更加成熟。基于这样的理由，他们只能依靠自己的力量对自己的行为进行约束和指导。

由此可见，完美主义者的人格特点形成是有一定的历史原因的，每个人因为自我调节的不同，也可能处于三种不同的状态。所以，身为完美主义者，应该努力调节和完善自己的人格，向最健康的人格状态努力。

沉入江底的完美主义者——屈原

说起屈原，可谓无人不知，无人不晓，一年一度的五月初五端午节就是为了纪念这位著名的诗人。屈原为我国的文学史开创了一个灿烂的时代，即楚辞时代。不过相比他在文学方面的造诣，人们对他在政治上的表现更加钦佩。

屈原大约生于公元前340年，是楚国一个没落的贵族。因为屈原从小好学，满腹诗书，被楚怀王任命为左使，对内可以同楚怀王商议国事、发布命令，对外可以接待外宾、应对诸侯，那时候的屈原深得楚怀王的信任。可是，屈原的才华和官职却招来了一个人的嫉妒，那就是与他处于同一官阶的姓上官的同僚。

上官氏经常向楚怀王打小报告，指责屈原的种种过失。楚怀王的意志也不坚定，听信了上官氏的话，开始慢慢疏远屈原。楚怀王的态度令屈原十分痛心，伤心之余，屈原写出了《离骚》。在《离骚》中，屈原表达了自己刚正不阿、一身清廉、志趣高洁的信念，却不幸遭奸人诽谤，把自己逼到了穷途末路的绝境。可是没想到，正是这首诗引来了上官氏更无耻的诽谤，使得楚怀王罢了屈原的官职。

屈原被罢了官职后，其他诸侯国开始垂涎楚国的国土，几次战役之后，楚国由盛转衰。但是，屈原仍然一心报国，当他听说楚怀王要去秦国，就赶紧跑去劝阻，认为这是秦国的诡计，不能相信。可是楚怀王的儿子却坚持让楚怀王去，最终楚怀王没有听从屈原的建议，去了秦国并最终命丧秦国。

楚怀王的遭遇让屈原无比痛心，他写出了许多不朽的诗篇，以此表达自己的愤懑和忧伤。这些诗篇惹怒了刚刚登基的楚怀王之子，他派人在朝堂之上指控屈原的过失，最终将抱负远大、才华横溢的屈原流放了。

被流放之后的屈原伤心欲绝，他想到了自己曾经的抱负和如今的不得志，觉得自己已经无颜苟活于世。于是，屈原披散着头发，来到了汨罗江前，做了一篇《怀沙》赋之后，抱着石头沉入了江底。

屈原跳江自杀的具体原因已经无从考证，但是从他的整个人生经历来看，屈原无疑是一个壮志未酬的热血青年。在屈原的绝命诗《怀沙》中，我们不仅看到了一个伟人对自己人生的总结，同时也看到了一个人在自杀前时而清醒、时而混乱的思绪。

从心理学的角度来分析屈原，他之所以选择自杀，与他自身的社会适应不良有一定的关系，而社会适应不良又与个体的人格特质息息相关。从屈原的诗赋中，我们可以看到：屈原要么坚持高洁的情操，要么屈尊辱志，与现实妥协。在自己已经四面楚歌的境地下，屈原完全将自己的生死和荣辱抛之脑外，选择了坚守自己的美德。由此可以得出结论，屈原是一个完美主义者。

具有完美主义人格的屈原有一种常人很难达到的极高境界，他生于乱世，但又不随波逐流，能坚持自己的看法，对自己要求极为严格。屈原甚至将自己表现出来的这种理想中的自我称之为“美人”，即完美无缺、毫无瑕疵的人。

正是因为屈原对自己过高的要求，才导致了他稍微有点强迫性的人格。所谓强迫性的人格，就是以对自己严格要求和追求完美为主要特点。这类人做事过分认真，非常注重细节，责任心强，为自己制定过高的标准。正如屈原，自小饱读诗书，对政治方面的看法有自己的独到之处，所以他的志向是想通过自己的努力，帮助楚王统一其他诸侯国。可是这个目标在当时是何其困难。

当屈原的目标没有实现时，他开始苦闷悲伤，觉得自己无愧于天地，但命运弄人，壮志难酬。其实，当时的屈原还有另一种选择，就是像古代诸多诗人一样，不理俗世中的事情，避世归隐。可是屈原没有这么做，他执着于自己的美德，坚贞不屈，带着自己未竟的事业和抱负结束了自己的生命，为世人树立了不朽的榜样。

屈原的做法对古代人来说，无疑是可歌可泣的，可是对我们现代人来说，他的做法可取吗？现实生活中，力图追求完美的人并不在少数，如果每个人都像屈原一样，在理想得不到实现的时候选择自杀，那么整个社会岂不乱了套？

有鉴于此，我们要努力改善自己，尽量克制自己过于苛责的完美主义。当下社会，“完美主义”这个词常被看作一种身心不健康的状态。对于有的人而言，完美主义会给其带来极大的满足感和贡献感；但对另外一些人而言，完美主义只能带来极大的挫折感和麻痹感，这其中的度需要自己调节和把握。

比较常见的一些完美主义者常常患得患失，在人际关系和工作中表现得特别明显。比如，他们往往会在别人拒绝自己之前拒绝别人，避免自己失败的尴尬；在工作中，他们总是不断地否定和苛责自己，很难对自己的表现满意，负面情绪很严重。

在现实生活中，人们的压力越来越大，追求完美的个性，可以促使他们辛勤工作，坚持克服遇到的一切挫折和障碍，努力达成自己的目标，从而体验到成功的乐趣。但是，过于极致的完美主义者会在不断的追求中扭曲自己的心理和行为，总是以成绩和工作不断衡量自己的价值，造成自身焦虑、压抑、暴饮暴食或者偏头痛，有的甚至会产生强迫性的幻想和自杀，造成无法弥补的损失。

从心理健康的角度出发，了解自己的人格类型，并且适时地进行自我调节是极其必要的。对于完美主义者而言，要学会承认理想和现实之间是有一段距离的，不要将自己的精力花费在对人和对事的过分挑剔上，不要求一切事情都完美无缺。

屈原为了美德而生，也为了美德而死，他执着的精神品质值得我们敬仰，但却不适合我们模仿。

细节决定成败——职场中的完美主义者

当完美主义者处于竞争激烈的职场时，他们的工作状态是怎样的呢？作为一个独立的个体和团体中的一员，他们又是怎样表现的呢？本节将为你揭示职场中的完美主义者。

完美主义型职场人士的特点

第一，完美主义型职场人士是一个实干者，他们会将抽象的工作方法变成一步一步的具体措施，工作中存在的漏洞让他们无法接受，他们喜欢将工作中的安排具体化。

第二，完美主义型职场人士更加关注工作中的细节问题，如在求职的时候他们会比常人更加关注自己的简历和个人打扮，在他们看来，一个优秀的职场人必须是面面俱到的。在工作中，完美主义型职场人士有时也会因为太关注细节而浪费大量的时间和精力，忽略对整体工作的把握。

第三，完美主义者在工作中总是能注意到整个工作的关键问题，他们总是担心错误的存在，却很难及时给出一个全面的解决方案。

第四，完美主义型职场人士习惯于将自己在工作中的付出和他人进行比较，并且认为既然自己付出了，就要得到回报和应有的尊重及特殊照顾。

第五，完美主义型职场人士很害怕在工作中犯错误，就算犯了错误，他们也会极力推卸责任。有鉴于此，他们会努力竞争更高的职位，以推卸自己的责任，同时他们也会和别人争论，以证明自己是正确的。

第六，完美主义型职场人士喜欢记录工作中的任何事，关注他人做的是正确的事情还是错误的事情。如果正确，自己也会积极地投入，如果错误，自己就会与之疏远，采取置之不理的方法。

第七，完美主义型职场人士对那些在工作中处于劣势或者通过自身努力得到进步和提高的人会给予鼓励和支持，希望他们会变得更加优秀。

以上这七个特点就是完美主义型职场人士在工作中的典型表

现。不论你是完美主义职场人士的领导还是下属，熟知他们身上的这些特点，一定会让你与他们的合作更加融洽和高效。

完美主义型职场人士的案例

一

明辉的婚期定在了国庆节，眼看婚期马上要到了，而他却一直忙于公司中的业务，根本没有时间安排自己的结婚事宜，这可急坏了明辉的新娘。

原来，明辉是一家公司的高管，公司最近在运营一个项目，全体职员都在忙着做这个项目。作为高管的明辉更是如此，加之明辉在工作中极其认真和挑剔，所以，最近他几乎寸步不离地守在公司。他一坐就是几个小时，忙着做报表和计划，仔细考虑工作中的各种可能性，安排相关负责人等，根本就没有时间考虑自己的婚事。

二

小军才毕业一年，就已经跳槽换了三份工作，直到现在还没有找到合适的工作。之所以跳槽，小军自己总结说，这都是我的性格所致，我是一个完美主义者。这到底是怎么回事呢？

原来，小军对自己的定位是在拥有很好的形象和声望的机构中工作，一般处于创业初期和中期的单位，小军不会考虑，这就会加大他在求职中的难度。与此同时，小军在工作中不积极主动地表现自己，反而自以为是地希望领导注意到自己，结果很久都没有得到领导的重视。在和同事共同完成一项工作任务的过程中，小军的口头禅就是“这不是我的错”和“那又不是我的责任”，导致同事认为小军是一个自私的人，经常和他发生冲突。

就这样，在各方面都很不顺的情况下，小军只有接二连三地跳槽和找工作。

明辉和小军的情况在你的身边有没有发生过？他们在工作中表现出来的行为和做法就是完美职场人士的典型特点。当他们投入一件事情时，周围再重要的事情也难以分散他们的注意力。与此同时，他们会极力地推卸本应该自己承担的责任，这不是因为自私，而是因为他们害怕犯错，害怕自己不够完美。

读懂挑剔的完美主义型职场人士

不管是作为完美主义者的领导，还是作为完美主义者的下属，对他们有所了解，将有利于你在职场上的表现。所以，要从以下几个方面来认识他们。

首先，如果你有一个完美主义型领导，就要格外注意自己日常的行为和表现。要知道，完美主义者对于细节是极其挑剔的，所以要尽量保持自己在细节上的天衣无缝。同时，由于完美主义型领导是依靠自己脚踏实地，一步一步上升到领导位置的，所以他们也格外注意员工平时的行为表现。他们会注意到今天谁加了班，谁参加了计划的实施，谁没有到岗等日常工作表现。

其次，如果你有一个完美主义型下属，就要根据他身上的特点为他安排工作。完美主义者喜欢明确的工作和任务，在给他们交代任务的时候，要坚持一对一的原则，切忌笼统的、有很多选择的方案；同时，在安排完美主义者和团体共同完成一项工作的时候，可以尝试让完美主义者充当团体中的小组长。完美主义者是天生的老师，他们更愿意帮助那些陷入困境的人解决问题，而不是自己面对问题。所以，让他们检查其他人的工作，不但可以让工作顺利完成，也会保质保量。

再次，如果你本身是一个完美主义者，那么就要尝试让自己在工作中承担应有的责任，不要总是试图将工作中的错误推卸到他人身上；同时，在工作中，你要表现得积极主动，能让领导和高层看到你的努力和付出，能对你的工作成绩给予积极的肯定；在和团体成员一起工作的时候，要和同事明确各自的职责和责任；对于工作中存在的纰漏，要能及时地发现并且勇于提出和进行改正。

最后，完美型职场人士是一个注重达成工作目标的人。他们在完成工作的过程中，会将每一步都提前设计好，并且讨厌变动和失败。工作中任何环节出现问题，都将导致整个过程的重新检查，所以和完美型职场人士一起工作，你的压力会非常大，但同时你的成长速度也会非常快。

挑剔的伴侣——婚恋中的完美主义者

当完美主义者处于亲密的婚恋关系时，他们的表现又是怎样的呢？他们会对自己和另一半有怎样的要求呢？下面就为你揭示婚恋中的完美主义者。

完美主义型伴侣的特点

完美主义者在婚恋中具有如下的一些特点：

第一，完美主义者非常注重细节，如在和异性约会的时候，他们会关注对方是否守时、穿着打扮是否得体、能否关注到自己细微的举动等。

第二，完美主义者有着很强的控制欲。在两个人的交往中，他总是试图影响对方的观念和看法，对于要去哪里吃饭和吃什么饭这些细节，通常都是由他们来决定。

第三，完美主义者追求极致的爱情观念，他们对爱情有着很高的要求，容不得一点点瑕疵。通常来说，与他们成为男女朋友之后，就不要妄想再交其他的异性朋友。

第四，完美主义者有着很强的家庭观念，一旦他们真心地投入和付出，就会坚贞不渝，不管对方变得怎么样，都会誓死坚守自己的爱情。

第五，完美主义者的自责倾向比较严重。当他们处于一段幸福美好的亲密关系中，他们常常觉得这是不道德的，享乐有可能会遭到报应等。

以上就是完美主义者在婚恋中表现出的一些人格特点。熟知这些人格特点，可以在你的恋爱和婚姻中为你把关，否则你就会一直处于失败中。

完美主义型伴侣的案例

一

小美是一个很典型的完美主义者，在恋爱伴侣的选择上也是极其苛刻和严格，从初次恋爱开始，小美已经谈过大大小小十几次恋爱，但是每一段都是无疾而终。这是怎么回事呢？

据小美自己说，之前的男朋友，要么就是自己满意家里人不满意，要么就是家里人满意而自己不满意。更有甚者，小美离开上一个男朋友的原因竟然是，这个男孩当众打电话的声音很大。

二

明明和欢欢谈恋爱四年了，却在即将走上红地毯的时候选择了分手，这是什么原因呢？

原来，明明是一个极其挑剔的完美主义者，哪怕一次小小的约会，也要求女友打扮精致才能出来。刚开始，欢欢只是觉得明明比较细心而已，可是两个人都要结婚了，明明还是这样要求欢欢，加之最近比较忙，欢欢根本没有时间给自己化个精致的妆容，矛盾逐渐激化了。反复思考之下，欢欢觉得和明明在一起很累，就提出了分手。

这两则案例中，小美和明明的表现是不是让你感到很不可思议？但这却是完美主义者习以为常的事情。完美主义者是九型人格之中的批评家，外在形象在他们的眼中是极其重要的。他们会不断问自己："这么做，周围的人会怎么看待我？"

不但如此，他们还会敏感地从他人无心的语言中读出潜在的批评。比如说，如果你赞美完美主义者："你今天看起来真漂亮，身上的衣服和你的气质很搭配。"那么，完美主义者不但不会感到高兴，相反还会很失落，因为他们会想：原来我之前的衣服搭配都很糟糕，显得很没有气质。

读懂挑剔的完美主义型伴侣

所以，当你和完美主义者在一起的时候，你在进行表扬和批评之前，都要做好足够充分的心理准备，同时，你也要习惯他们的批评。如果你的身边有一个完美主义型恋爱伴侣，不妨尝试从以下几个方面看待他们。

首先，你要坚信完美主义型伴侣在信守承诺和承担责任方面是完全值得信赖的。比如，当他们对自己的伴侣感到不满意的时候，他们的思想会发出一个信号，即"总体来说，他是一个很好的伴侣，值得我全心全意去爱他，我想我应该干点什么事情来让他感到开心，让他知道我是多么爱他"。

其次，你要相信完美主义者的独立能力。他们在婚姻生活中是比较独立的，他们凡事比较依赖自己，信守自己的事情自己办，从不会给他人添麻烦。与此同时，他们会给自己和伴侣制定健康和正确的生活方式，并且催促伴侣和自己相互监督，共同执行。

再次，你要明白完美主义型伴侣批评的含义。尽管他们的严厉批评和监督一切的立场让你受不了，会让你觉得好像受到了侵犯，感觉很不平等。可是他们的批评却是一种对你的鼓励和关心，在他们看来，只有在他们的批评和监督下，你才会变得越来越优秀。

最后，你要接受完美主义型伴侣需要的行为。完美主义者会把自己的需要当作绝对正确的选择，比如如果你的完美主义型伴侣喜欢吃某种蔬菜，那么他就会认为这种蔬菜对人的身体是绝对健康的，他不但自己经常吃这种蔬菜，也会向你大肆宣扬这种蔬菜的好处，劝说你多吃些。为了让你的伴侣开心，你不妨尝试多吃一些这样的蔬菜。

善待自己——完美主义者心理调适

心理学通过对完美主义者的研究发现，完美主义者不但对自己要求很高，对他人（尤其是与自己关系亲密的人）要求更高。因此，完美主义者会被别人认为很挑剔、刻薄、难以亲近。完美主义者经常会出现紧张、焦虑和失眠的症状。

完美主义者之所以有这么极端的要求，主要是因为心里没有安全感，缺乏自信心，为了保护自己不被别人伤害，他们只能在理智上逼自己不断追求完美，这样他们才能掌控周围的环境，减少自己情绪上的不安。所以，要想改变完美主义的极端性格，首先要努力完善完美主义者的人际关系。

完美主义者总是致力于有价值的目标，一旦为自己树立了某一个目标，完美主义者就会通过忘我的工作让他人感到满意。尽管他们身上那种“我比你强”的态度令人讨厌，有时甚至会表现出不切实际的热情，但是他们确实会为了工作而尽最大的努力。

完美主义者的挑剔和批评是可以轻而易举地化解的，前提是周围的其他人能够承认错误或者承认自己的能力不够。对于那些没有努力工作而发生错误的人，完美主义者会非常严厉，但对于那些能主动承认自己在工作中的错误，并且愿意改正的人，完美主义者会给予极大的支持和鼓励。

完美主义者的痛苦来自他们内心的比较，他们总是对理想和现实之间的差距十分敏感，痛苦也就伴随着落差而来。所以，要想让完美主义者减轻痛苦，就要不断平衡理想和现实之间的差距，并且让他们知道“落差永远存在”这个事实。

作为一个完美主义者

当别人说了或者做了你所喜欢的事情时，记得去称赞他们——这样做的目的是让别人知道你对他的认可和肯定。

当你要对别人的建议和方案提出修改意见时，务必提前找好可供参考的资料，先确定你的修改方案是否可行。

当你感觉周围的人做得不够好的时候，要先压抑自己的怒气，仔细想想依照对方的力量所能做到的程度。

当你对自己感到不满意的时候，请提防内在的讥讽和嘲笑自己的声音，告诉自己：我已经尽力了，有许多不可控的外在因素。

当周围的人表现出不快乐或者不满意的神情时，不要急于责备自己，要记住：这些并不是你的责任，你能做的就是认真倾听他们的困难。

当你喜欢上一个人的时候，不要试图去寻找他的缺点，要赶紧将自己的想法告知对方，否则你的自我批评和对对方的批评会让人觉得你难以靠近，因而也会对你保持距离。

作为一个和完美主义者交往的人

当你和一个完美主义者谈论一件事情时，务必使自己的语言简洁明白，完美主义者对拐弯抹角和吞吞吐吐很反感。

当你要表达自己的观念并希望对方能接受时，务必让自己的观点完全符合逻辑，完美主义者很容易接纳新想法和新观念。只要符合逻辑，他们一般都会采纳。

当对方开始有挑剔和不满意的情绪，令你感到不舒服的时候，要及时将自己的想法告知对方，帮助完美主义者觉察并了解自己的情绪和感觉。

当对方对你怒气冲冲或者对你言辞激烈地评判某件事情时，不要认为对方的怒气是冲着你来的。完美主义者会因为和自己毫不相关的事情产生怒气，有时连他自己也搞不清楚为什么会这样。

当你们一起做一件事情并且出现错误的时候，要及时向完美主义者承认错误并且道歉，你的认错和道歉会让完美主义者感到放心，即自己并不是唯一犯错的人。

当和完美主义者在一起时，要多鼓励他们与周围人分享他们的幽默感，并说服他们试着从积极的角度看待周围的事情。

心理专家给完美主义者的建议

一般而言，完美主义者都是不愿意接受心理治疗的，因为他们坚信自己不存在任何问题。因此，完美主义者只能通过自己来帮助自己。

第一，不要强迫自己做事情，给自己留出思考的空间。完美主义者会将时间安排得满满当当，以至于没有时间思考自己真正的心理需求。所以，完美主义者首先要学会给自己放假，要有让心灵静下来好好思考的时间。

第二，要不定时地对自己内心中的严格标准进行修改。世界上的万事万物都是在不断变化的，一成不变的东西几乎没有，一个人内心中的标准亦是如此。所以，完美主义者要学会根据情况对自己内心的绝对标准产生怀疑并进行修改。

第三，不要将对自己的反思变成对自我的人身攻击。在反思过程中，完美主义者一旦发现错误，就会不断地谴责自己“我怎么会犯如此低级的错误”“这个错误我怎么早没有发现”等。这个时候，完美主义者就要积极寻求事实的真相以及关注那些不可控的情况，以此消除焦虑和担心。

第四，完美主义者对自己和他人的怒气以及他们对别人的评判都来自未被满足的个人需求。所以，完美主义者需要努力发现自己的需求并且根据自己的需求行动。在改变自己的时候，尤其要注意以下不良现象。

现象一：对自我的需求毫无察觉，总是将精力用在别人和别的事情上。

现象二：当觉察到自己的需求时，不是想方设法满足需求，而是因为自己的需求产生怒火，并且令自己无比焦虑。

现象三：将时间安排得满满当当，没有给自己留下娱乐和享受的时间。

现象四：做决定的时候总是瞻前顾后、犹豫不决，将简单的问题复杂化，不愿意做出应有的承诺。

现象五：被压抑的需求找不到正确的发泄途径，致使自身的压力不断增大，对自我的不满情绪也随之增强。

第三章

只想付出，不图回报
——给予者

给予者是一个天生的帮助他人者，但是他们不会考虑自己的付出是不是当事人所需要的。他们感性，喜欢取悦他人，非常恐惧自己不被需要。职场中的他们最擅长沟通，喜欢和人接触，以发挥自己的爱心。他们将感情视为最重要的东西，非常重视另一半的需求。给予者要认识到自己对别人的真正价值，从自我的强大中增强安全感，看清自己真正的需要是什么。

天生的热心肠——给予者

曾经看过一则笑话，这么描述给予者：

给予者在坐公共汽车，忽然上来一位老太太，给予者立马站起来说："老人家，您请坐！"当老太太谢过坐下之后，给予者美滋滋地对着窗外欣赏风景，他因为帮助了别人感到心里特别美。

过了几站地，老太太站了起来，给予者连忙摁住老太太说："老人家，您坐您坐，我不累。"又过了一站地，老人又站了起来，给予者又摁住老太太说："老人家，我真的不累，您坐吧！"老太太这才着急地说："我都坐过好几站了！"

这则笑话说明了给予者的一个显著特征——喜欢帮助别人。在他们帮助别人的过程中，不会考虑他们的帮助是不是当事人所需要的，是不是让人觉得舒服。

比如，当你的家庭里有一个给予者，他们会主动给家里人做许多好吃的东西，如果家里人吃得很香，他们就感到非常高兴；如果家里人说自己不饿或者没有吃，给予者就会感到情绪受挫，一整天都会不高兴。

给予者的行为不但对家里人适用，对周围人也同样适用。如果有邻居向给予者借东西，给予者不仅会借出这样东西，还会关切地问需要其他东西吗。如果给予者没有邻居所需的东西，第二天，他们就会出门给邻居买回来。

由此可见，在九种人格中，给予者是职业帮助他人者，他们不但会想方设法帮助自己的家人和朋友，也会帮助周围的陌生人。

除了喜欢帮助别人的特质之外，给予者还有感性、喜欢取悦他人、时常感觉到自己付出得不够和占有欲强的特质。

以下是给予者的一段自我描述，将有助于你更加了解他们。

我特别喜欢听邓丽君的歌，她的歌能让我感到温暖和幸福，我觉得我的生活中有爱就可以让我感到满足。

我觉得自己的使命就是为了满足别人的需要。我习惯在别人需要帮忙的时候提供帮助。有时宁可放下自己手中正在干的活儿，也要去帮助别人。我是一个特别感性的人，生活中的一点小事都会让我禁不住掉眼泪，就拿抗震救灾的新闻报道来说，我根本就不敢看，看到那些场面，我几乎心痛得无法呼吸。我特别想身临其境地帮助那些人，可是由于条件限制，最终没有去成，到现在我都感到很遗憾！

家里人的幸福和快乐是我最关心的。每到逢年过节，我不会忘记给家里所有人买礼物，从爷爷、奶奶到外甥、侄女，人人有份，从不会落下任何人。只要我在家，我就会将家里的氛围搞得其乐融融，我喜欢看着家里人笑口常开的样子。为了让他们开心，我有时会自作主张安排一些活动，但是有的时候，有些人会不买账，他们的态度会让我很伤心。我再辛苦都没有关系，可是如果我的付出不被别人接受和理解，我就会非常难过。

在单位里，我的人缘非常好。我会细心地观察每个人的需要，并且给予他们及时的帮助，无论职位比我高还是比我低。大家在一起聚餐的时候，一般他们点什么我都能接受，我对物质的要求不高，但我希望别人能重视我的价值。

我特别爱面子，当两个人有矛盾时，我一般不会先低头，但是只要对方稍微哄哄我，给我一个台阶下，我会很容易原谅对方，然后两个人重归于好。可是，如果他和我一样爱面子并且和我保持冷战，那么我们的关系很可能因此而破裂。

我最害怕的事情就是我的家人不爱我，我的内心深处有本感情账，我一直努力让自己的情感银行变得富裕。如果我的情感银行变得匮乏和透支了，我就会痛苦到极点，伤心欲绝。

以上这段给予者的自我描述，全面地展示了给予者的特质。他们富有同情心，喜欢帮助别人，能体恤别人的处境，无条件付出爱；他们同时非常恐惧自己不被爱和不被需要。你经常会听到他们说“让我来吧”“不要紧”“没问题”等。

值得注意的是，在和给予者的相处中：给予者一般会否认自己的不良情绪，但是你要做出及时的补救。比如，你让给予者不高兴了，当你问他的情绪时，他会回答自己没有生气。但是你要敏感地意识到这只是给予者的敷衍之词，你要诚恳地检讨自己的错误和过失。

给予者的表情柔和、笑容可掬，对着他人笑是他们的第一语言，你要读懂这种语言。不管是在上班的路上还是在拥挤的超市，不管是面对着熟人还是陌生人，给予者都会献上自己的笑容，然而他的笑容并不代表对你感兴趣和有意思，而只是纯粹的一个问候而已。

给予者会在沉闷的人群中拿自己来解嘲，你千万不要以为是他喜欢哗众取宠，而是他想努力让气氛不那么尴尬，他是为了每个人的面子。

给予者在和大家一起聚餐的时候，一般都会随声附和他人的观点，你千万不要以为是他们缺乏主见，而是他们更愿意为他人着想。你经常会听到，当别人问吃这个怎么样时，他们会答："你认为好就行。"当被别人问吃什么时，他们一般会说："你说呢？"

由此可以看出，我们可爱的 2 号——给予者是一个热心肠、拥有感性细胞、随时随地为他人着想、特别爱面子和特别在意自己家人的人。给予者中的许多人终生从事慈善事业，将自己的一生都献给了帮助他人的工作。

乐于奉献的时代象征——雷锋

前段时间，某个网络名人将许多名人故事进行了歪曲的剖析，其中有一篇就是有关雷锋的故事。在雷锋的故事中，他质疑说，雷锋是个每月只有 6 元钱工资的人，可他身上穿的行头——皮夹克、毛线裤和黑皮鞋等，价值却达到了 90 元。这位网络名人还专门晒出了当时的照片，他质疑像这样一个满身名牌的人怎么会有精力和能力去做好人好事呢？

我们先不要根据这位网络名人的误导去猜测这件事情的真假。就雷锋同志的出现来看，他影响了我们几代人，几乎是从背起书包上学的那天起，他的故事就伴随着我们成长，我们的人生观和价值观也都和他息息相关。

雷锋的名字几乎成了一个时代的象征、一种精神的符号。当时的人大张旗鼓地对雷锋的故事进行宣传，就是为了让全世界的人都认识他，以他为榜样，学习他身上乐于奉献的精神。

所谓的乐于奉献精神就是助人为乐，以帮助别人为自己最大的乐趣，在利益面前，先考虑国家和人民，最后才考虑自己。助人为乐是给予者身上的显著特征，不管在什么情况下，他们都是默默无闻的付出者，将别人的利益放在第一位。雷锋同志就是给予者的典型代表。

雷锋同志是在 20 世纪 60 年代应征入伍的。当时由于雷锋比较矮，征兵的工作人员对他的入伍存有质疑。但是雷锋觉得当兵对一个男人来说特别重要，只有当兵了，才能为人民做更多的事情，后来领导看雷锋的当兵愿望非常强烈，就勉强收下了这个兵。雷锋非常高兴，走进兵营以后，只要自己闲着，他就卷起袖子打扫卫生、烧开水和送信件等，身边的战友都说他是一个爱劳动、爱帮助别人的人。

刚开始，大家都以为雷锋只是在部队里做好事，团里的领导对他也只是口头表扬，没有对雷锋的事迹进行深入实际的调查。直到入伍半年之后，雷锋所在的团接连收到两封感谢信，大家才对雷锋的事迹有所了解。

这两封信的内容分别是雷锋将自己省吃俭用的200元钱赠给了辽宁抚顺市望花区人民公社，支援当地建设，后来公社不忍心要这么多钱，只接受了100元；还有就是雷锋在抚顺市发生特大洪灾的时候，不但寄去了慰问信，还附带了100元钱。

按照这位网络名人所说，如果雷锋每个月只有6元钱，那么这200元钱很有可能是雷锋的全部家当。在地方开展建设和救灾的时候，雷锋毫不犹豫地将这200元钱拿出来，说明在雷锋的心目中，人民的利益高于自己的利益。而且这200元钱在当时可谓天文数字，雷锋不惜花费这么多钱来帮助别人，可见他是一个始终将别人的利益放在第一位的人，并不像这位网络名人所说，雷锋会为了讲派头，将钱用在自己的身上。

雷锋所在团的领导看了对雷锋的感谢信后，立马派人对雷锋以及相关单位进行了走访调查，了解到了雷锋身上更多感人的事迹。这位网络名人在网上一直强调雷锋的生活奢侈，当时的团里也进行了调查，并没有发现雷锋生活奢靡的事实，部队里办事一直是从实际情况出发的，没有调查，他们绝不会发表任何不切实际的言论，这位网络名人的胡乱揣测也说明了他对部队生活的不了解。

随着雷锋助人的事迹被一点点地披露，部队对这个乐于帮助别人，始终将人民的利益置于自己利益之上的同志非常钦佩和感动，团领导当即决定号召全团干部和战士向雷锋学习，做雷锋式的好战士。很快，这股向雷锋学习的浪潮从全团推广到了全国。

很多人都说，既然做好事不要求回报，那么也就没有必要让别人知道雷锋，也没有必要大张旗鼓地做典型宣传，为什么在那个年代要大力宣扬雷锋的事迹呢？其实，雷锋在当时起到了一个模范带头作用，宣传雷锋的事迹，就是让更多的人向雷锋学习，让他们知道自己身边也有像雷锋一样的人，对社会起到一种正向的引导作用。

为了大力宣传雷锋的事迹，组织上让雷锋不断出去做各种演讲。那时，雷锋先后在东北的沈阳、大连、丹东、抚顺等地做了 40 场演讲，听众多达十万余人。雷锋也成了东北地区著名的忆苦典型。

因为雷锋乐于帮助别人，将人民利益放在首位的奉献精神，让他从一个普通的士兵成长为一名家喻户晓的模范。雷锋生前所在的部队担心雷锋因此而产生骄傲自满的情绪，还专门为雷锋开了一次讨论会。在会上，他们对雷锋提出了三点要求，希望雷锋不要迷失自己，要在实践中不断努力完善自己。

雷锋在自己日后的生活和工作中，也确实没有辜负组织的期望，依然本着人民利益高于一切的思想，全心全意为人民服务。

年轻的雷锋同样爱美，也买过皮夹克、手表等物品。后来，雷锋还专门为此事写了一篇日记，他说："为人民服务的人是最美的，衣服只要干净就好了，没必要太昂贵。"所以，皮夹克他再也没有穿过。可见，雷锋是在一次次的反思中不断完善自己的。

当下，仍然会有很多人在问，真有雷锋这个人吗？雷锋的故事是真的吗？雷锋精神的意义在于告诉我们，我们身边有这样一种人存在，他们会处处为别人着想，将帮助别人看作自己人生中最大的乐趣，会释放一种积极向上的正能量，影响身边更多的人做好事、做善事。

这种人就是雷锋，雷锋就是一个完完全全的给予者。

想着别人，忘了自己——职场中的给予者

当给予者处于竞争激烈的职场时，他们热心助人的特质会产生怎样的效果呢？本节将为你讲述身处职场的给予者。

职场中给予者的特点

第一，奉献型的职场人士身体语言柔软又有力，在工作中，他们很愿意与人有身体上的接触，如拍一下肩膀或者拉一下手。在职场给予者看来，这些有助于拉近彼此之间的距离。

第二，奉献型的职场者会将自己的办公桌布置得很温馨。在一个办公区，你会发现那些旁边挂着布娃娃和玩具的桌子，一定是奉献型职场人士的。

第三，奉献型的上司会对基层的员工特别友好，如保安、清洁工等。他们认为能给予别人帮助就是一种幸福，而不管对象是谁。

他们一般会采取感性的方式管理员工，很少对他们进行责骂和惩罚。

第四，奉献型的职场人士最擅长的工作是人与人之间的沟通。他们喜欢和人接触，并且在接触的过程中，发挥自己的爱心和宽容。如果他们所处的环境平和安逸，那么奉献型的职场人士就会安心和惬意地工作。可是，如果他们所处的环境关系紧张，并且人际冲突不断，奉献型的职场人士将无法忍受。

第五，奉献型的职场人士常常因为帮助别人而忽略自己。领导如果交给他们一项任务，当别的同事有事相求时，奉献型的职场人士宁可放下自己手头的工作，也要帮助同事。拒绝和推迟别人的请求在他们看来是不可取的。

第六，奉献型领导的座右铭是，施舍比接受更有福。所以，他们会不断地用物质奖励员工，他们崇尚付出，常常会为员工所犯的错误寻找借口，这种做法很可能会偏袒和纵容员工。

职场中给予者的案例

一

小 A 是一位国家机关的中层领导。他为人爽朗，每次一见到陌生人，还没开口说话，就会先微微一笑，他的笑容很温暖，很有感染力。

在小 A 的下属看来，这个领导是没有脾气的，不管他们在工作中出现了什么样的错误，小 A 总是会耐心地纠正他们。面对这样的领导，形成了两种人：一种人认为自己能碰上这样的领导是一种福气，因此不断激励自己成长；可另一种人认为，反正自己犯错领导也不会生气，就整天浑水摸鱼，不思进取，在工作上屡屡犯错误。

二

小B是一个极具爱心的给予者，无论公司任何人有需求，他都会尽力地帮助和满足。渐渐地，同事的要求越来越过分，而小B也把自己累得筋疲力尽。

就拿早上买早餐的事情来说吧！现在的年轻人普遍起得晚，起床之后匆匆忙忙来上班，根本就没有时间吃早点。小B是这些人中的例外，他总是能按照前一晚设定的闹钟起床，出于好心，小B在给自己买早餐时，也会给周围的同事带上一份。逐渐地，要求小B带早餐的人越来越多。更有过分者，还专门要求吃某个地方的早餐，小B不得不为了他特意跑一趟；还有人甚至连买早餐的钱也不给，而小B又不好意思张口向别人要，只好自己垫付。

就这样，本来一件简单的买早餐的事情，却因为小B的过于热心，反而成了自己最大的负担。他将买早餐的事情加入了自己的工作日程，每天要比平时提前一个小时起床，进行单位同事早餐的采购，还要承担额外的金钱付出。

小A是一个典型的奉献型领导，会关注到整个团队的每一个人，对自己的下属也是极其宽容。理解他的人会激励自己更加优秀，不理解他的人也会因为他的纵容而变本加厉。小B是一个典型的奉献型职员，他会尽最大的努力满足周围同事的要求。可是他的好心却让同事得寸进尺，最终将自己累得筋疲力尽。可见，适度的奉献是好事，可超出这个界限，就会对自己和他人不利。

读懂热心的职场给予者

了解热心的职场给予者，不但有助于处理你和他人的关系，也会为你在职场上的表现加分。想要了解奉献型的职场者，务必从以下方面做起。

首先，面对奉献型的上司，你要学会听他的话。奉献型的上司一般不能客观地看人，谁听话、跟随他，他就会喜欢谁。如果他不喜欢你，即使你再有能力和成绩，他也不会重用你。

其次，面对奉献型的员工，要注意以下几个方面。

其一，领导与奉献型的员工沟通时，一定要注意人性化和人情味。尽管奉献型的员工只想着一味地付出，但是他们也有自己的需求，只有在你鼓励和关切的话语之下，他们才会说出自己的需求和期盼。在和他们交谈的过程中，拍拍他们的肩膀或手臂，多进行一些身体上的接触，将有利于拉近彼此的距离。

其二，领导要让奉献型的员工觉得自己是被重视的，这将极大地激励他们。领导可以在细节处用功，如夏天发放降暑饮料，冬天发放御寒衣物等，可以极大地调动奉献型员工的积极性。

其三，领导务必要给足奉献型员工面子。当奉献型员工犯错误的时候，领导务必给他们台阶下。虽然奉献型员工嘴上不说，但是在内心深处，他们一定会同领导保持一致，很容易与他们达成共识。

最后，奉献型员工要学会管理好自己的时间。奉献型员工总是将自己的时间奉献给别人，在上班的时候帮助别人干活，等下班之后再加班干自己的活儿。你要明白这种做法不是帮助别人，而是阻碍了他人的成长。不要不好意思拒绝，要知道你的拒绝才促成了别人的成长。

乐于付出和渴望拥有——婚恋中的给予者

给予者在生活中总是尽其所能地帮助别人，而不在乎别人需要与否。那么，在爱情中，给予者的伴侣又是怎样对待自己的恋爱和婚姻呢？

给予型伴侣的特点

第一，给予型伴侣最大的恐惧就是自己不被爱和不被需要，他们会经常追问自己的伴侣："你到底爱不爱我？"他们也会追问自己的孩子："爸爸／妈妈对你好不好？"

第二，给予型伴侣在情感生活上和完美主义者一样会特别保守，他们一般谈恋爱和结婚比较晚，但是当他们认定对方的时候，会非常专一，在出轨和背叛的人群当中，很少有乐于奉献的给予者。

第三，给予型伴侣将感情视为最重要的东西，事业和金钱在他们眼中什么也不是。当你问他们对另一半有什么要求时，他们会说“没要求”。其实这种没要求才是最大的要求，他们追求那种让自己心动的感觉。

第四，给予型伴侣在追逐另一半的时候，有点像电影和电视剧里演的那样，尽管双方有很大差异，但是为了真爱还是走到了一起。在他们看来，家庭背景和财富长相都不重要，重要的是对方的用心和真诚。

第五，给予型伴侣在恋爱婚姻中更加注重的是另一半的需求，每逢有了闲钱，他总是先给伴侣、家人和朋友买东西，最后才给自己买，有时甚至会忽略自己的需求。在给予型伴侣看来，想着自己是一种自私的行为。

第六，给予型伴侣会因为伴侣的背叛和出轨，产生强烈的操纵欲望和蛮横无理的要求。一旦发现伴侣有出轨的迹象，他们就会要求自己的伴侣不许跟除了他之外的异性说话，走在路上，甚至不能看别的异性一眼等。

给予型伴侣的案例

一

梅子是一个特别感性和敏感的人，和丈夫结婚五年，按理说已经是老夫老妻了，可是她依旧会时不时地缠着自己的老公问：“你到底爱不爱我？”丈夫高兴时会回答：“爱啊，要是不爱，我当初怎么会娶你呢？”可赶上丈夫心情不好时也会说：“你说呢？你说爱就爱，不爱就不爱。”每当这个时候，梅子都痛苦不已。

梅子在生活中是一个极有爱心的人，路上碰到的流浪猫和流浪狗，她都会领回来自己喂养。如今家里已经有了五六只小猫小狗，还有一些梅子送给了朋友和同学，让他们代为照顾。

梅子一逛街就会买东西，可买的东西基本上都是老公和孩子需要的，她很少为自己买。有的时候碰上一本特别好的书，她也会买给丈夫，经常弄得丈夫感觉自己是一个小孩，还需要梅子的照顾。

二

他和她是在一次义务帮助老人的活动中结识的，他们彼此欣赏，有着相同的人生观。毕业没多久，便步入了婚姻的殿堂。面对大城市诱人的工作条件，他们双双选择到偏远的山区支教。

在他们眼中，孩子们纯真的笑脸就是他们最大的欣慰，每次面对孩子们小小的进步，他们都会开心得乐上好几天。他们给对方足够的关心和呵护，在山区，各方面条件都比较差，他们变着花样给对方制造浪漫和惊喜。清贫的日子，他们两个人相依相偎。

他们说，人生最大的幸福就是帮助别人，看到别人在自己的帮助下有所收获，是他们人生中最大的幸福和快乐。

案例一中的梅子和案例二中的他和她就是典型的给予型伴侣。在婚姻中，他们会处处为对方考虑，一切以对方的利益为出发点，从不在意自己的需求，是一个默默无闻的付出者。

读懂热心的给予型伴侣

热心的给予型伴侣就像一阵及时雨，总是能在关键时刻给予你支持和帮助。读懂他们，将会对你的恋爱和婚姻有着巨大的帮助。

首先，想要追求给予型伴侣，需要持之以恒的耐力。哪怕刚开始他不喜欢你，但只要你对他真心真意，就一定会俘获他的心。研究发现，使用死缠烂打的方式追求完美主义者、给予者和怀疑论者都是极其容易成功的，因为他们属于顺从型。可是，当你用同样的方式方法追求实干者、享乐主义者和领导主义者的时候，却很难奏效，因为他们是很有思想的一类人。

其次，给予型的女性伴侣是居家过日子的好人选，只要你们彼此真心相待，就可以天长地久地过下去。如果她们变得不专一，那么只有一种情况发生了，就是你令她伤透了心。这种情况下，她们会开始下一段恋情。

再次，当面对自己心仪的对象时，给予型伴侣会根据对方的要求塑造自己，完全忽视自我。但是，当他们的关系逐步稳定下来后，给予型伴侣又会很快地清醒过来，重新追求自我，这个过程中可能会做一些让另一半比较失望的事情，这时你就要做好心理准备了。

此外，在给予型伴侣看来，享乐主义者是一个富有魅力的人，他们在时政和休闲娱乐上很容易达成共识。只要享乐主义者和给予者具有相同的人生目标，他们就会长久幸福地生活下去，成为令人羡慕的模范夫妻。

最后，给予型伴侣的占有欲极其强烈。一旦认定你是他的人之后，就会要求你不能与其他异性多说话和多接触，否则会引起极大的醋意。

更多地关注自己——给予者心理调适

给予者能够和任何权威套近乎，并且给予权威支持的力量，他们一般是某个宗教忠实的信徒、某个歌星的忠诚粉丝或者是某个领导的得力助手。总之，给予者很乐意为了一个大群体的利益而服务。

但是，正是因为给予者甘于自我牺牲的特质，他们很容易卷入三角关系中，成为插足别人婚姻的第三者。他们也会从事一些能够展示自我魅力的工作，如化妆师、演员或者个人形象顾问等。

给予者最希望的是能得到别人的认可和赞同，这个比什么都重要。和给予者在一起，他能让周围的人都感觉良好，他们能展现自己最好的一面。人际关系融洽在给予者看来是生活中最重要的事情，他们会想方设法地处理好自己的人际关系，在组织朋友聚餐时，他们会花费大量的时间和精力，朋友的生日礼物也会特别准备。总之，给予者的所有关注点都集中在别人身上。

虽然将注意力转移到自身，可以发现自己的需求和渴望，可是这样做又会使给予者感到焦虑和难受，他们无法体验到情感上的安全感。所以，只有在给予者独处时，他们才能感到更自由，也更容易发现自己的需求。

给予者对别人的付出和帮助都是基于本能反应，这种反应不受思想控制，也不是为了赢得他人的回报。所以，在人际交往中，如果你对给予者的付出仅仅是为了回报他们，会让给予者感到特别不舒服。

作为一个给予者

要尝试在和别人说话的时候表达自己真正的意思，不去讨好对方，内心是怎么想的就怎么说。

要更多地告知别人有关你的事情，就像你请求别人讲述他们的事情一样，要让周围人更了解你。

如果你感受到了不被尊重和不公平，不要将此视为理所当然，要心平气和地将这件事情说出来。

如果你需要什么就大声说出来，不要在背后抱怨别人没有给你什么——因为并不是每个人都有像你一样有能洞察别人需要的直觉。

要容许别人对你所提供的帮助说“不”。你不是他们肚子里的蛔虫，他们心里想什么，你无法全然明白，要尝试让他人自己解决问题。

要给别人提供自己解决问题的空间。与接受他人的帮助相比，每个人都希望能独立完成一件事情，要明白和理解别人的真正需求。

作为一个与给予者交往的人

当你接受帮助时，一定要告诉给予者，你很感激他们为你所做的事情，因为有了他们的帮助，你才感觉生活是无比美好的。

要让给予者知道，人和人之间是平等的，没有必要做不愿意或者不喜欢的事情来博得你的欢心。

当你在某些方面拒绝了给予者的帮助时，一定要告知他们你拒绝的原因和你当时的感觉，这样他们就会知道，有时候不帮助其实也是一种帮助。

当你想为给予者做一些事情的时候，要提前告知他们，并且说明这样做并不是为了回馈他们的帮助，只是出于朋友的本能。

当你们在一起相处时，要注意多询问给予者身边发生的事情，否则，他们会一直将注意力集中在你的身上。

要不定时地询问给予者的感受和需求，特别是当对方处于情绪化、若有所思或者焦虑不安的状态时。这个时候，也许他们正有需要。

当给予者埋头苦干一件事情的时候，不要让他一个人待着，要经常和他保持沟通，这会让他感到舒服和满足。

给予者对交谈者的态度真诚与否非常敏感，所以在和他们交谈时，一定要确保你的态度真诚并对他们感兴趣，这样会让交流顺利进行。

心理专家给给予者的建议

给予者最大的问题是需要将自己的注意力从别人或者别的事物上转移到自己身上。有鉴于此，给予者需要注意的是：

第一，要静心发现自己的欲望。多留些时间独处，只有独处的时候，给予者才会感到安全，也才会关注自己的内心，看清自己真正需要的是什么。

第二，要认识到自己对别人的真正价值。和别人交往时，既不要过于夸大自己，也不要过分贬低自己，要明白自己的帮助对别人没有那么重要，没有自己，别人照样也可以解决问题。也不要一味地讨好别人，揣摩别人的心思。

第三，要认识到奉承的危害性。奉承最大的危害就是使人焦虑，当你在试着揣测别人心思的时候，你会感到紧张，尤其是当你思考自己的揣测是否正确的时候，你会更加紧张。

第四，要从自我的强大中增强自己的安全感。给予者总是通过奉承拉拢他人，希望他人能充当自己的保护者，一旦失去他人的保护，给予者就会体验到强烈的不安全感，感觉生活受到了威胁。因而给予者要让自我强大，通过自己赋予自己安全感。

第五，要处理好外界认可和自我满足的矛盾。给予者总是在不断地寻求外界的认可，一旦自我需要和外界的认可之间产生了冲突，给予者会立马摒弃自身的需求，转而寻求外界的认可。这个时候给予者就需要平衡外界的认可和自我需求的矛盾，最好能将两者放在一起考虑，并拿出合理的解决方案。

第六，要明白真正的亲密关系是独享的，是不能与他人一起分享的。在追求爱的过程中，给予者总是会被难以得到的关系所吸引，陷入复杂纠结的三角恋中。对于难以到手的目标，切勿花费太多时间和精力，学会区分逢场作戏和真爱。

第七，要时时尝试扮演不同的角色。从扮演这些角色中，给予者可以发现每个角色的需求和希望，进而更能理解其他人。

第四章

脚踏实地，埋头苦干——实干者

实干者喜欢学习、富有激情、行动能力很强。他们最害怕没有成就感和不被别人认可。职场中的他们喜欢有竞争的环境，目标感强烈，有一种不达目的誓不罢休的信念。他们寻找伴侣的目标很明确，即对方一定要有他们认为值得炫耀的地方。实干者应学会适时地停止忙碌，要给自己真实的情感和思想留下足够的时间，不要回避自身的感觉和体验。

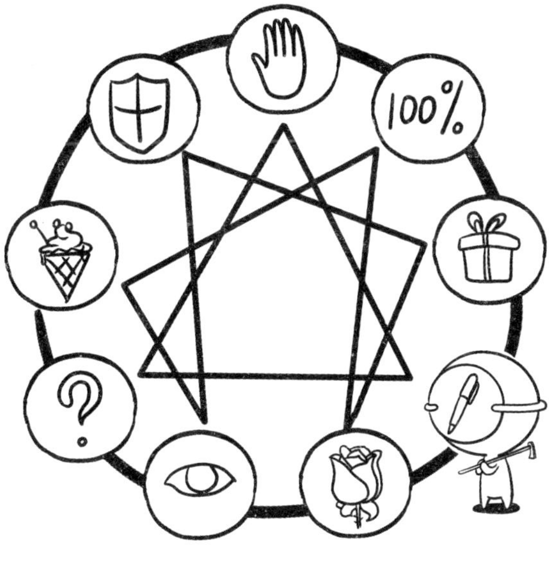

为了成功，不惜一切——实干者

以下是实干者对自己的一段描述：

我爱学习，从小学习成绩就名列前茅，我看不起整天碌碌无为、一事无成的人。只要有时间，我就会多学习一些知识，以此提升我的竞争力。从小到大，我得过无数奖状，一直是父母和老师眼中的宠儿。

我是天生的谈判专家，只要是我认准的目标，不管是在商业谈判中还是在自由市场的砍价中，我都能得到实惠。并且，我还是一个极具野心的人。

我觉得人的外在形象特别重要，每次出门我都要在镜子前多停留一些时间。在我看来，良好的形象是成功的一半，我讨厌那些邋里邋遢的人，我很愿意为自己的外在形象投资，我的衣服大多是名牌和正装。

我特别在意自己事业的成败，我认为人一生当中所获得的奖状、文凭、房子和车才是一个人地位和成功的标志。我只在乎成功的结果，对所需要的过程并不在意，有的时候为了达到成功，我可以不惜做任何事情。

我特别善于演戏，只要是我喜欢的人，我就一定会创造机会接近他，但如果是我讨厌的人，我总能找到理由拒绝见面。电话簿里的朋友我很少联系，我忙到几乎没有时间打电话问候，我认为他们也会和我一样忙。

从以上这段对自我的描述中，完全可以看到实干者几个显著的特点，即重视名利、注意自己的形象、喜欢出风头、有野心、有强烈的目标感，同时也具有投机取巧、自私自利、不择手段和爱说谎的特质。在和实干者交往的过程当中，你最容易听到的词语就是“可以”“绝对没有问题”“保证完成”等。

在我国，普遍认为深圳、上海、广州等城市有着众多实干者存在，因为这些城市快节奏和高效工作的环境正是实干者成长的摇篮。实干者最在意的是事情本身，他们总想着如何将一件事情做成。在九型人格中，虽然给予者、实干者和浪漫主义者都属于用心做人的一类，但区别在于给予者在意的是人，浪漫主义者在意的是感受，而实干者在意的是事情。

举一个例子，实干者买车了，他会打电话告知朋友们自己有车了，朋友说：“知道了。”但是，实干者绝不会满足于这个简单的回答，他会开着车去找自己的朋友，直到朋友亲眼看到了他的车，他才感到舒服。

实干者最害怕的事情就是没有成就感和不被别人认可，在和朋友的交往中，如果他被人认为一事无成和碌碌无为，他们就会很受伤。实干者最大的愿望就是能被所有人接受和认可，他希望大家都知道他的成就，并且给予鲜花和掌声。如果他的成就没被周围人知道，实干者就会感到极大的不满足。

实干者特别喜欢学习，只要能对他有所帮助的东西，他都会学习。所以，对于实干者来说，每天的时间都很紧张，除了那些已经实现了自己目标的人，实干者大部分都是工作狂。

实干者特别富有激情，喜欢与周围人打成一片。他们有很强的目标感，会为了达到目标而做任何事情。凡事他们都会从好的方面考虑。

实干者的行动能力很强，他不会花费很多时间用来思考一件事情，而是采取行动完成它。

实干者和别人交流时，你会感觉到他们说话的方式很夸张，喜欢开玩笑。这个时候，你就要用心留意实干者的玩笑了，他们不会无缘无故地讲一个笑话，他们总是抱着某种需要和目的。在九型人格中，享乐主义者也同样喜欢开玩笑，但是他们不像实干者这么有目的，他们只是觉得好玩，纯属娱乐。

实干者不喜欢单调乏味的工作环境，越是有趣和有创意的工作，对他们来说越适合。如果工作没有挑战性，实干者不久便会厌倦和辞职。一般来说，他们喜欢从事的工作是策划、指挥和执行。同时，实干者不喜欢太多的规矩，他在哪个公司都喜欢做第一，喜欢支配别人。

实干者喜欢围绕在大红大紫的人面前，在他们看来，只有跟着这些成功人士，自己才能取得成功，他们从来不会出现在那些处于低谷和失败的人面前。在不成功和处于低谷的人面前，出现的大多是浪漫主义者和怀疑论者，也有一些享乐主义者。

实干者在自己处于逆境的时候，会高度戒备周围人，他们不会找其他人倾诉和抱怨，而是躲起来自己疗伤。他们很爱面子，害怕别人会因此而小看自己。所以，实干者展露在众人面前的都是光鲜亮丽的外表。

值得注意的是，实干者一般属于躁郁型性格。他们办事急躁，急于用成功证明自己，急于吸引大量的注意力。如果当下不能做出特别有成就的事情，他们可能会去做一些不好的事情来吸引注意力。哪怕只是一些微不足道的成就，实干者也会拿出来和别人分享，以满足自己的虚荣心。这样的实干者有时会让人觉得过于肤浅和现实。

此外，人们将处于逆境中的实干者称之为“发霉的实干者”。在我国的文化背景下，很容易造就“发霉的实干者”。在孩子本该青春张扬、活力四射的年纪，父母却普遍要求自己的孩子要低调，不要太出风头，否则就会“枪打出头鸟”。在这种思想的引导下，实干者的发展会受到阻碍，使他们很难活出真正的自我。

一路高升的实干者——杜拉拉

随着电影版和电视版《杜拉拉升职记》的热播，大家认识了一个能吃苦、能坚持的新世纪女性——杜拉拉。她通过自己的坚持和努力，从一个基层小员工一直做到公司的 HR，可谓万千人心目中的奋斗偶像。她所代表的形象就是现实生活中的实干者。

实干者最典型的特征就是脚踏实地，他们做任何事情都具有很强的目的性，他们追寻的目标就是成功。他们绝不会安于现状或满足于自己目前所拥有的，而是会不断努力提升自己，使自己变得更加优秀。杜拉拉的身上就具有这些显著特征。

在杜拉拉的升职过程中，我们可以看到这样几个事实：杜拉拉本人特别好强，身上有种不服输的劲头，别人不看好、觉得无法完成的事情，杜拉拉却一定要完成，并且还要比别人预期的完成得更好。

比如，杜拉拉所在的公司要搬家，这是一件劳民伤财的事情，别的人一听说，都找各种理由推卸，因为这不但要得罪人，还有可能无法按时完成任务。正在高层领导左右为难之际，杜拉拉主动请缨为领导分忧，同事们都幸灾乐祸地准备看杜拉拉的笑话，看她如何完不成任务而颜面尽失。但是，最终杜拉拉提出了一个完美的方案，成功解决了搬家的麻烦，不但得到了领导的认同，还让其他同事刮目相看。

永远也不会认输是杜拉拉身上的显著特质，同时也是实干者身上的标志。正是因为具备这种特质，杜拉拉才会大无畏地接受任何挑战，并且竭尽全力完成这些艰巨的任务。

杜拉拉所在的公司，每年被提拔的人也有二十几个，这些人同样能吃苦打拼，但是为什么杜拉拉会一路升职到别人羡慕的岗位呢？就是因为杜拉拉比别人多一项纪录，杜拉拉曾经为了赶一个项目，连续加班 700 个小时。这样的工作狂怎么能不被升职？

由此可以看出，杜拉拉为了工作可以忽略周围的一切，当她投入工作之中时，周围没有人能分散她的注意力，她视工作高于一切。杜拉拉身上的这些特征就是实干者的典型特征。

电视剧中还有一个细节，不知道大家注意到了没有，一般公司同事升职，大家对他们说的话无非是“恭喜恭喜”之类的，可是杜拉拉升职时，大家说的话普遍是“拉拉，这是你应得的”，或者“拉拉，实至名归啊”。

从这些祝贺词中，我们也可以看出，杜拉拉的升职是通过她扎扎实实地付出而得到的。也正是因为能吃苦、能坚持，杜拉拉经常会让小瞧她的人大跌眼镜。

杜拉拉身上这种不达目的誓不罢休的劲头和勇气也切合了实干者的典型特征，他们为了达到自己的目的，不惜采用任何手段，有的时候明知不可取，但是为了自己的目标，实干者仍会放手一搏。

除了之前提到的这些典型事例可以证明杜拉拉是一个实干者之外，杜拉拉日常生活中表现出的一些细节也证明了这一点。

其一，杜拉拉面试现在这家公司的时候，公司的面试人员和蔼地问她：“为什么要离开之前的那家公司？”杜拉拉没有说出自己是因为被上一个公司里的上司性骚扰而辞职，而是回答说：“因为一些内部原因，但是主观上的原因是因为我有自己的职业理想！”杜拉拉的这句话看似漫不经心，实则说明她是一个有魄力、有主见、有思想的人。

其二，杜拉拉应聘到目前的公司后，每天都会在公司的办公楼下换高跟鞋和补妆。为了锻炼身体，杜拉拉每天跑步上班，但是在走进办公楼之后，她清楚自己是一个职场人，所以她会做出一个职场人应有的姿态——换鞋和补妆。从这个细节上，我们也可以看出杜拉拉对工作严肃认真的态度。

其三，在向公司上层递交自己的工作方案时，很多人都是按照华丽、醒目的基调设计方案，但是杜拉拉的方案却是本着节省原料和成本的原则设计的，虽然没有别人的高端和华丽，但是杜拉拉的方案却实际耐用，并被最终采纳。公司能采纳杜拉拉的计划，正是说明了公司看重杜拉拉懂得为公司的长远利益而打算。

其四，在面对批评的时候，杜拉拉能虚怀若谷地看待和接受。当上司训斥或者批评了自己，杜拉拉能认真检讨自己的错误并改正，而不是在私下抱怨。

正是因为杜拉拉身上的这些特质，才使她成为一个一路高升的职场成功人士。同样，也是因为这些品质，让我们看到了实干者在达到自己的目标时所付出的艰辛和努力。

每个人都想成为杜拉拉，拥有让人们羡慕的事业，可并不是每个人都能付出像杜拉拉一样的努力。要想学习杜拉拉，就要培养实干者需要具备的个性特征，不管做任何事情都要学会脚踏实地，有“不达目的誓不罢休”的勇气。一旦确立了自己的目标，就要朝着目标坚持不懈地努力。

“不抛弃、不放弃”是像杜拉拉一样的实干者的口头禅，在追求事业成功的路途上，也希望它会成为你的座右铭。

铆足劲儿向前冲——职场中的实干者

实干者处于职场中，是怎样的表现呢？

职场中实干者的特点

职场中的实干者非常积极和阳光，喜欢追求事物的正面。他们特别看重自己工作的结果，对自我的要求是：只许成功，不许失败。

职场中的实干者是一条变色龙，他们能见人说人话，见鬼说鬼话。这种性格使得他们左右逢源，对他们的事业有很多帮助。

职场中的实干者喜欢有竞争的工作环境，他们厌倦那种平淡、一潭死水的工作环境。生活中，那些辞掉公务员或者事业单位的工作而下海经商的人，大都属于实干者。

职场中的实干者特别有冲劲，他们的目标感强烈，有一种不达目的誓不罢休的信念。如果让实干者做销售，那么他们肯定能一下子提高销售额。

职场中的实干者特别在意其他同事对自己的看法，一旦工作中出现失误，他们的第一个反应不是想办法弥补，而是极力掩饰，害怕其他同事知道。让其他同事知道自己的失败和缺点，在他们看来是无法容忍的。

实干者会为了自己的成功不择手段。比如，身边有自己能用上的人，他们就会好言好语过去打招呼，对他鞍前马后。可是一旦这个人失去了作用，他们会立马摆出一副对方是透明人的样子，理都不理会对方。有的时候，为了自己的成功，职场中的实干者也会不惜伤害其他人。

职场中实干者的案例

一

小雷和小军毕业于同一所大学，之后又进入了同一家企业，两个人的关系可谓亲如哥们。进公司的第一天，他们就彼此约定，一定要相互扶持对方，先在公司站稳脚跟，然后再打出自己的一片天地。

可是，才过去了短短一年，两个人的关系就闹得特别僵，见面像仇人似的。这是怎么回事呢？

原来，小雷和小军是不同类型的人，小雷低调稳重，而小军却很会办事，他经常跟着领导去应付很多场面上的事情，并且一切以自己的需要为主，能用上小雷了就去说几句好话，用不上了就甩在一边。小军的做法让小雷伤心不已。

转眼他们来公司一年了，因为小军的优秀表现，公司准备提拔他为部门主管，而小雷依旧是原来的职位。两个人同时进入公司，现在差异却这么大，小雷不服气，就偷偷跑去告了小军的状，并说了他许多坏话。领导知道后，便将提拔小军的事情搁置下来。小军和小雷的关系也因此而破裂。

从对小军的描述中，我们可以发现小军是一个典型的实干者，会为了实现自己的目标而做任何事情，却没想到最后却栽在朋友的手中。因此，实干者在追求成功的同时，也要考虑身边其他人的感受。

二

马瑞是辞职下海的一名商人，当初在一个机关单位当文员。朝九晚五的平淡生活让马瑞感觉很压抑，考虑再三，他辞掉了让人羡慕的工作，开始下海经商。

马瑞评价自己的选择说："在机关单位上班的时候，我感觉自己能发挥的能力和水平都已经发挥了，能施展的才华也都施展了，再待下去也没有什么前途，所以我就选择了辞职，自己创业。"

在朋友圈中，马瑞很喜欢自己被敬重和崇拜的感觉，他最享受的事情是，别人竖起大拇指说他很厉害。马瑞最希望的事情是在自己有限的生命里创造出更多的财富。

下海经商的马瑞也是一个典型的实干者。他不安于稳定和平淡的工作，选择了激烈竞争的工作环境，并且对成功有着执着的追求，将别人对自己的夸赞视为最大的享受。由此可见，他具备实干者的典型特质。

读懂职场中的实干者

对职场中实干者的了解，将为你的工作和事业带来很大帮助。

首先，如果你是一个实干者或者你的身边有一个实干者，那么你要学会让自己或者他人放松。职场中的实干者将大部分的时间都用在工作上，不断加快自己的步伐往前冲，这样高负荷的工作并不能解决所有问题。在前进的途中，不妨停下脚步，对之前的工作进行总结和反省，也给自己的心灵放一个假。

其次，职场中的实干者要培养自己某方面的专长，他们以自己样样知道感到自豪，但却没有一样特别精通，这样对开展工作是极为不利的。在培养自己各方面才能的前提下，不妨专注于某一方面的技能，使之得到充分的开发。

再次，如果你是实干者的领导，注意以下几个方面：

第一，职场中的实干者喜欢权威人士，在共事的过程中，他们喜欢和有本事、有才华的人在一起工作。

第二，职场中的实干者行动力强，但容易忽略工作的质量，领导可以让完美者和观察者监督他们。

第三，职场中的实干者特别重视别人的表扬和赞美，如果你想给他们足够的动力，就要在他们取得成就之后，为他们召开员工大会，让所有人都知道他们的成绩。这时候你要实干者做什么工作，他们都会非常愿意。

最后，如果你有一个实干型领导，注意以下几个方面：

第一，实干型领导特别注重最后的结果，在你向他报告一项工作的进展时，完全可以忽略其中的细节，直接汇报结果以及最终达成的目标。

第二，实干型领导喜欢自己做决定，当你有什么建议和意见要提出来时，不妨在后面加上“您认为呢”，或者“您觉得怎么样”。

第三，实干型领导讨厌浪费时间，他们很欣赏那种在有限的时间内能完成更多事情的人。

你有他在意的闪光点吗——婚恋中的实干者

当实干者处于恋爱和婚姻时，他们是怎样的呢？本节将为你揭秘婚恋中的实干型伴侣。

实干型伴侣的特点

实干型伴侣在婚姻中也同样是“务实”的。他们寻找伴侣的目标很明确，即对方身上一定要有他们认为值得炫耀的地方，其他方面对他们来说并不重要。

比如，实干者是一个暴发户，他有钱但是没有文化，在找对象的时候，实干者就会要求对方有足够高的文凭。他不会想两个人因为文化的差异有没有共同语言，只考虑对方有足够高的文凭这一个因素就行；如果实干者是一个特别注重伴侣容貌的人，那么他在择偶的过程中，就会将对方的容貌看得特别重要。哪怕对方只是一个中看不中用的花瓶，只要足够漂亮，他也完全不会介意。

实干型伴侣是一种善于模仿的人，只要对方需要，他们可以模仿成任何类型的情人。在恋爱阶段，实干型伴侣经常以完美情人的形象出现在对方面前。可是时间长了，实干者就会意识到模仿的人并非真正的自己，他们会感到疲惫不已。所以，他们常常很难得到真正的感情，有时即使出现真正的感情，也会让他们不知所措。

实干型伴侣特别注重效率，他们会利用各种时间安排自己的工作和生活。甚至是在和自己的爱人亲热的时候，他们也会在脑海中盘算别的事情，如第二天上班的工作安排或者是下周的工作内容等。

实干型伴侣特别关注自身的行动，不管做任何事情，他们首选的办法就是行动。他们对家庭的感觉也是通过行动来表现的。实干型伴侣会为家庭安排许多活动，如一起旅游、一起打网球或者是一起讨论某个问题等。他们不会认为待在一起也是种幸福，而是要通过切实的活动安排来证明。

实干型伴侣的案例

一

李红出身贫困，从小吃了很多苦，到了择偶的年龄，大学毕业的李红发誓要嫁一个有钱人，哪怕对方没有相貌、没有文化，李红也完全不在乎。

后来，她果真找了一个油光满面的暴发户，对方出手很阔绰，动不动就给李红买名牌衣服、送鲜花。这个暴发户曾经请李红的朋友吃过一顿饭，在饭桌上的粗俗表现令大家瞠目结舌。李红的朋友都劝她慎重考虑这段婚姻，否则会后悔一辈子，毕竟女人的青春是非常有限的。

可是，倔强的李红没有听从朋友的耐心劝告，还是毅然决然地嫁给了那个暴发户。果然，婚后暴发户出现了各种不良的行为，周围人都替李红摇头叹息，觉得不值。但李红自己却说："那怎么了，我就想找个有钱人，只要他有钱，其他的一切我都可以不在乎。"

故事中的李红就是一个典型的实干者，在择偶的过程中，她的要求很明确，就想找个有钱人，只要对方具备"有钱"这个条件，其他方面对她来说都无所谓，只要在有钱人身上她有利可图就行了。

二

王欢是典型的富家女出身，她聪明又干练。虽然家里已经足够有钱了，可是她仍然坚持要做出一番自己的事业，在她看来，女人可以没有爱情，但不能没有事业。女人只有在经济上独立了，人格上才能独立。

王欢的很多姐妹在婚后都做了全职太太，但是王欢却坚决拒绝做全职太太。王欢一直觉得什么都不干就待在家里，会被丈夫和家人看不起，她之所以受到丈夫的喜爱，通通来自她事业上的成功。所以不管怎么样，王欢都要摆出一副成功者的姿态，哪怕背地里吃再多的苦、受再多的累，她也愿意。

王欢这个争强好胜的女强人也属于典型的实干者。她将自己的事业看作人生最重要的事情，并且不惜为了事业的成功付出任何代价。她很清楚自己的位置和能力，并且会通过一次次的成功来向别人证明自己。

读懂实干型伴侣

明白恋爱和婚姻中的实干者，对你找寻真爱和经营婚姻都有举足轻重的作用。

首先，你要保证自己的身上有值得对方追逐的闪光点，并且这个闪光点是永远也不会褪色的。因为实干者不仅在寻求伴侣时要求明确，在婚后，也依然会坚持自己的要求不改变。一旦他当初追逐的闪光点没有了，那么他很有可能不会对你专心了。比如，你的伴侣嫁给你是因为你有钱，一旦你以后没有钱了，他们会立马嚷着和你离婚。

其次，如果你是一个实干者，那么在寻找伴侣的时候，你要注意自己的选择，哪些东西是永远不变的，哪些东西是转瞬即逝的。要三思自己的择偶标准，不要让太多的表面现象迷惑了自己的双眼。

再次，实干型伴侣会将工作和事业看得特别重要，因为他们觉得成功的事业才是保证两性关系有效运转的前提。所以，想要和实干型伴侣维持好婚姻，就得理解他的辛苦，懂得他对于工作和事业的付出。

最后，和实干者最匹配的伴侣是实干者和观察者。两个有着共同的价值取向和生活方式的实干者在一起，彼此了解，所以很少发生矛盾和争吵；而观察者和实干者生活在一起也会非常幸福，这两种人对待感情的方式都是谨小慎微型的，一个喜欢思考，另一个付诸行动；一个人在家设想和计划，另一个人出去接触和安排，会配合得特别默契。

停不下来的“工作狂”——实干者心理调适

实干者对于自己手头的工作和未来的目标总是充满激情。他们吃苦耐劳、尽心尽力，更主要的是，他们具有一种能带动其他人一起努力的感染力。他们秉持“活到老、学到老”的人生理念，坚持给自己寻找人生的乐趣。不管是对于自己，还是对于工作，实干者都保持着积极向上的形象，他们愿意支持公益事业，也愿意成为一个领导者。

实干者不喜欢那些没有发展前途、不能给自己带来声望和与自己的社会形象不符合的工作，他们总是被那些让自己有成就感的环境所吸引，他们喜欢具有发展空间的高层职位。

一般而言，实干者都认为自己的心理是特别健康的，那些整天无所事事、跟不上社会的节奏、不努力提高自己的人才会感到沮丧和悲观。实干者完全不会发现自己成功塑造的虚假自我与自己的情感需求有着巨大差异。他们自认为没有疑惑、沮丧和悲伤的负面情绪，所以他们也就不会关注自己情绪上的发泄，因而他们情感触及的范围是非常狭小的。

在实干者努力将自己打造为一个成功人士时，他们没有时间来关注自己的情绪。只有在被迫停止工作之后，他们才可能真正关注自己的情感需求。可是，被迫停止工作对于实干者来说是非常可怕的，因为他们会担心自己的价值，并且对自己的工作能力开始质疑。所以，实干者是一个停不下脚步的“工作狂”。

作为一个实干者

你要知道，并不是每个人都和你一样具有野心，要花点时间和精力倾听别人的声音，并且探寻他们身上的优点和长处。

要不时地检查自己的行为，看自己是否在勉强和压榨周围的人。要及时与他人沟通，看看你的要求是否在别人能忍耐的范围之内，切莫勉强别人做自己做不了的事情。

在和别人交谈时，你很容易分心想别的事情，所以一旦有重要的事情商谈，一定要选择不易分心的地点和时间，并且告诫自己这次谈话的重要性。

当别人给你提供了帮助或者为你做出了贡献的时候，记得要让别人知道你的感激和谢意，不管是在工作上，还是在人际关系上。

花点时间体会周围人的感觉或反思自己的行为，这样不但不会浪费你的时间，相反对你事业的成功会有很大帮助。

当你感觉到自己用快速的答案来回应对方的问题时，请停下来想想自己目前的感觉，并且提议对方和你进行沟通交流。

作为一个与实干者交往的人

当你需要让实干者改正一个行为的时候，切记不要指责和批评，这只会让他们更加卖力地重复自己的错误行为。

多说一些类似“这样做会让你更加优秀和成功”的话，实干者就一定会听从你的建议。在他们看来，一切能帮助自己的事情都是值得去做的。

当你一直重复或者强调某个观点时，实干者可能不会在意，甚至转移话题，因为他们只相信自己的实力。没有经过他们验证的事情，他们都不会认同。

如果你们在一个团队，请尽量配合实干者的行动，这样可以暗示他们，你们在一个阵营，他们喜欢自己能带动别人的感觉。

实干者追求数量和速度，如果你觉得他们转移目标或者开展下一个活动的速度太快，就要适时提醒并告知他们原因。

如果和他们在一起让你产生一种被操纵和高压强制的感觉，就告诉他们你此刻的感觉，因为他们可能根本不知道自己的做法造成了什么样的影响，他们也不喜欢伤害别人。

当你和他们在一起感到愉快或者很开心有他们陪伴的时候，就要告诉他们，你需要他们。因为有的时候他们也不太容易相信自己是有价值的，你的表达能让他们更加认同自己。

心理专家给实干者的建议

当生理的困扰或者失败的打击致使实干者不能正常工作的时候，他们不得不面对自己真实的情感需求。面对自己无法回避的感情时，实干者应该尝试接触自己的生理和情感反应，尤其是那些曾经被自己屏蔽的感觉，如困惑、害怕以及不知所措的恐惧。

对于实干者来说，以下做法对他们是有所帮助的。

第一，要学会适时地停止忙碌。给自己真实的情感和思想留下足够的时间，反思是什么在驱使自己不停地工作，找到自己担心的根源，并且直接面对。

第二，不要让自己的行为变成机械化反应。你是一个有血有肉的人，除了有生产劳动价值之外，也会有情感方面的需求，要定时地满足自己在情感方面的需要。

第三，不要夸大自己的能力，认为自己是离不开的关键人物，而别人可以忽略不计。一个人的能力总是有限的，集体的智慧才是无穷的，要尝试让自己依靠别人的力量，感受别人身上存在的巨大价值。

第四，遇到困难的时候，不要通过寻找新的工作来逃避困难，也不要无视自己的失败，更不要抱怨和批评别人。

第五，不要将自己放在虚假的成功幻想中，要认真分析问题以及自己的真实能力，不要急于向外界证明自己的成功，真正的成功是不需要你努力证明的。

第六，不要回避自身的感觉和体验，一旦有了不良情绪，最好立马停下手头的工作用心体验，不要疑惑这种情绪是否应该产生。

第五章

标新立异，感性多情
——浪漫主义者

浪漫主义者一生都在追求独特的体验和感受。他们富于幽默感，感觉敏锐，厌倦平淡无味的生活。职场中的他们想法独特，有创新能力，厌倦重复性的工作，很在意周围人的感受。他们在婚恋中经常患得患失，害怕被遗弃，非常注重彼此之间的感觉。浪漫主义者要注意自己强烈的情感变化，学会及时将自己的注意力转移出来，发现生活中充满阳光的事情。

活出别样的情调——浪漫主义者

以下是一段浪漫主义者的自我描述：

我是一个喜欢浪漫又经常制造浪漫的人，但我喜欢的浪漫并不是通常意义上需要道具辅助的浪漫，我对浪漫有自己独特的理解，有时一杯咖啡和一首小诗都会让我感到无比浪漫。我想，只有和我有共鸣的人才能真正懂我。

我对心理学很感兴趣，经常关注心理学方面的读物。我的内心情感变化很快，前一秒可能是欢乐开心的，后一秒可能就有点伤春悲秋，周围的朋友都说我有些神经质，但我也不明白为什么我的情感会变化那么快。

我喜欢成熟的男人，我认为他们有阅历，懂得照顾和关心自己的女人。跟我同龄的男孩，我都不怎么注意，他们思想幼稚，又依赖人，跟这样的人在一起是没有安全感的。我一直在寻找一个能懂我、爱我、给我安全感又不约束我的男人，可是一直没有找到。有时，我也会悲观地想，这样的男人是不是不存在？为什么我一直没有遇到？

我很容易被周围痛苦和悲伤的情绪影响，一看到别人难过，我也会痛苦得难以掩饰。和我关系一般的朋友，平时可能不怎么来往，但是只要听到她最近状况不好或是心情不佳，我就会立马赶过去陪陪她。

我喜欢特立独行，不喜欢随大流。比如，大街上最近流行穿什么样的衣服，我是绝对不会穿得和别人一样的。我经常将买回来的衣服进行改造，周围的朋友都说我的衣服特别有个性，穿上很有感觉。

我是一个自由散漫的人，经常不能按时按点上下班，如果将我放在一个制度严明的公司里，我想我会发疯。有些时候，我就想自己一个人待着，谁也不要来打扰我，电话和短信我都不会接，身边的朋友会觉得我像失踪了一样。

通过对浪漫主义者自我描述的分析，我们可以得出浪漫主义者如下几种典型特质：

浪漫主义者一生都在追求独特的体验和感受，他们常常活在过去的痛苦经历中，因为他们觉得，以往的痛苦可以让自己更加珍惜现在的幸福。他们凡事都从自己的感觉出发，感觉好就去做，感觉不好就不做；他们的内心感受不但特别丰富，而且很容易变化。

浪漫主义者厌倦平淡无味的生活，他们总是希望自己的生活充满戏剧性，每天都有不一样的感觉。著名作家三毛的生活就是浪漫主义者所向往的生活。

浪漫主义者喜欢研究心理学，他们常常用心理学的知识分析和研究自己。他们会看重自己和别人之间的默契，认为这是别人懂自己的一种表现。

浪漫主义者拥有各种不同风格的衣服。他们的这种特质和实干者恰好相反，实干者的衣服大都是同一种风格的，可浪漫主义者却会因为自己内心感受的不同而选择不同风格的服饰，时而休闲运动，时而性感妖娆，但是穿在他们的身上会特别的合适，因为他们散发出来的气息、内心的感受和身上穿的衣服是一致的。

浪漫主义者有自己定义的浪漫。如果你认为，他们只是追求类似于鲜花和烛光晚餐一样的浪漫，那就大错特错了。他们追求的浪漫是一种别出心裁又符合自己心境的浪漫。有的时候，他们所谓的浪漫在我们看来特别不可思议。

比如，当你问浪漫主义者令她印象深刻并且感到浪漫的一件事情是什么，她可能会说，是一边看着雨珠从屋檐上坠落，一边看着自己最爱的人吃美食。其实在我们看来，就是在下雨天和男朋友一起吃路边摊而已。

浪漫主义者的感觉特别敏锐，并且忠于自己的感觉，开心就是开心，不开心就是不开心，他们不会伪装。九型人格中，实干者往往会为了成功而忽略自己的感受，但是在浪漫主义者身上绝不会发生这样的事情。

浪漫主义者很有美感。每次去一个陌生的地方，他们都会淘回来许多别致的东西。这些东西在当时看起来挺平常，但是当你将它从浪漫主义者的手中接过来，经过他的一番讲评和摆放之后，你就会发现眼前的东西散发着别样的美感。

浪漫主义者天生就是一个幻想家，“如果”这个词是他们经常使用的词汇。他们常常会将自己带入一个幻想的境地。可能有的时候，你正和一个浪漫主义者聊天，忽然发现他的眼神变得空洞无光，那是因为他的思想已经飘到了远方。

浪漫主义者遭受挫折和痛苦时，一般不愿意向周围人哭诉，而是会自己躲起来疗伤。当浪漫主义者告诉你他曾经的挫折和痛苦时，其实这些挫折和痛苦早已被他们治愈。

浪漫主义者喜欢无拘无束的生活和工作环境，他们厌倦制度和守则。一旦周围的环境特别严苛或秩序井然，他们大都会选择离开。

浪漫主义者富于幽默感，无论在何种境地下，他们都会看到幽默的一面。

浪漫主义者有种悲情的抑郁主义倾向，一旦他们受到伤害，就会将自己封闭起来，以后再也不会打开心扉和别人交往，严重者还会因此而吸烟、酗酒并做出一些自我伤害的行为，感觉自己非常孤独无助。但是，浪漫主义者又很享受这种痛苦的感觉，喜悦和幸福会让他们感到不真实，他们的状态可以描述为“我痛苦，我存在”。

浪漫主义者在和别人进行交谈的过程中，很在意自己的措辞和语调，他们常常会抑扬顿挫地表达一件事情，不会让你觉得乏味。

浪漫多情的潇湘妃子——林黛玉

说起理想和多情这两个字眼，大家可能会不约而同地想到神话故事和传奇小说，毕竟那里面才会存在真正意义上的理想主义和浪漫多情。

但是，在这些神话故事和传奇小说之外，还有一个特别理想主义并多情的人，她就是曹雪芹笔下的林黛玉。为什么说林黛玉是一个既理想又多情的人呢?

首先，从《红楼梦》的整个构思来看，林黛玉的前身是西方灵河岸边三生石畔的绛珠草。西方灵岸一看名字就是一个非常具有浪漫主义色彩的地方，上面的绛珠草毋庸置疑更散发着浪漫主义气息。同时，绛珠草被爱好“红学”的人解释为蘑菇状的灵芝，暗示林黛玉是带有灵气的，因为前世林黛玉受到了贾宝玉的恩惠，所以在现世要付出回报。《红楼梦》这个诗意的开端就有着强烈的浪漫主义色彩，同时也暗示了林黛玉是一个有浪漫主义情怀的人。

所以，《红楼梦》开篇将林黛玉的出生写成了“临凡”，这样写的意思是说林黛玉是从一个单纯美好的仙境降临到凡间来的。曹雪芹不愧是文学大家，他的笔墨虽然简约，却有着意味深长的含义。“临凡”的含义就是告诉我们，林黛玉天生是超凡脱俗、非常浪漫的人。

其次，书中只要提到林黛玉，就会提到她敏感的性格，敏感仿佛是林黛玉的专有名词。后人对林黛玉这种性格的解释是，由于林黛玉家道中落，她只能被送到贾府来寄养，在寄人篱下的情况下，林黛玉必须时时刻刻保持小心，因此也就变得格外敏感。但也可以解释为，林黛玉的敏感是与生俱来的，因为敏感的性格才致使她想得多，造就了一个与众不同的奇女子。

敏感不仅是林黛玉的专有名词，也是所有浪漫主义者的专有名词。他们不像享乐主义者那样，只在乎自己的感受，可以完全忽略周围的环境。相反，浪漫主义者会将周围的环境看得特别重要，他们的心情也会随着周围的环境而改变。你会看到，他们时而开心，时而忧郁，情绪起伏很大。

同时，在大观园里，我们还会发现，尽管林黛玉比薛宝钗更早住进来，可她并没有薛宝钗的好人缘，而且很少和大观园里的其他人走动，显得很独特。她就像不食人间烟火的仙子，很少和凡人来往，这是为什么呢？因为林黛玉将大部分心思都花在了自己的内心世界里。在自己的内心世界，林黛玉自己和自己聊天，一个人想过去的事情，憧憬未来美好的画面。

喜欢幻想是浪漫主义者的又一个典型特征，他们不是活在当下的人，总是容易回忆过去又期许未来，在心中勾勒美好的画面，很少能注意到当下的自己是怎样的，当下的生活是怎样的。

再次，从林黛玉生长的周围环境到她的处事风格也都处处体现着浪漫这个词。不管是林黛玉所住屋子的名字，还是她和大观园里姐妹们的吟诗作赋，处处体现着她的浪漫情思。我想，大家印象最深刻的一个情节莫过于“黛玉葬花”。

花草在我们平常人眼中不过是寻常之物，可是在黛玉的眼中，却有着特殊的意义。

我们不妨想象这样一个场景：娇弱瘦小的林黛玉看着窗外一片片落下的花瓣，心也跟着悲凉起来，她想起了花儿娇艳的时刻和如今凄惨的结局，忽然萌发出了一种保护它们的欲望。她想将落花跟人一样下葬，让花也有自己的归宿。于是，林黛玉拿着她专门为了葬花而准备的锄头和铲子，走出门去，小心翼翼地捡起了地上的花瓣，包在自己带有香气的手绢中，然后选好了葬花的地点。这个时候，林黛玉还不忘吟一首诗来祭奠被埋葬的花儿。

从这个生活中的情节来看，林黛玉确实是一个多愁善感、多情浪漫的人。除了对花草的深厚感情，林黛玉的多情和浪漫更多地体现在她对贾宝玉的感情上。

林黛玉和贾宝玉有着“木石前盟”，她渴望自己拥有圣洁、唯一的爱情。可是，在实际生活中，“金玉良缘”却一直压得她喘不过气来，众人似乎更加信奉后者，前世的浇灌之恩化为了今世的眼泪，每当林黛玉看到或者听到贾宝玉和别的女人在一起，她只能在一边默默掉泪。

值得注意的是，在宝黛之恋上，林黛玉似乎没有做过多的努力，她一直信奉这份感情是属于自己的，因此一直处于被动等待的地位，不主动靠近，也不主动争取。这正是契合了浪漫主义者的典型特质，他们常常将希望寄托在命运的安排上，不追逐也不反抗，他们认为有和没有都是上天早就注定的。

从林黛玉最后的结局来看，也是一出典型的浪漫主义悲剧。在高鹗续补的《红楼梦》后40回里，林黛玉在宝玉结婚的那个晚上，生病吐血而亡，但是“红学”的后来者在探究曹雪芹的本意时发现，曹雪芹为林黛玉设置的结局是沉入湖底而亡。林黛玉不想让自己的身体埋进黄土，她不想沾染俗世之物，因而选择了坠湖而亡。

由此可见，不管是从林黛玉的出生，还是到她生命的终结，林黛玉一生都抒发着浪漫主义情怀。就连死，也是为了成全自己的浪漫。

曹雪芹用他的笔为我们写下了不朽之作，同时也为我们创造出一份感天动地、炙热如火的爱情，为我们塑造了一个理想的、浪漫的“林黛玉式”的人物。尽管当下的社会物欲横流，但是很多人还是追逐像林黛玉一样的女子，渴求和她共享浪漫的理想主义爱情。

读懂《红楼梦》里面的林黛玉，你也就读懂了现实生活中的浪漫主义者。

自由自在的独行侠——职场中的浪漫主义者

浪漫主义型职场者的特点

第一，职场上的浪漫主义者厌倦重复性的工作，喜欢自由自在的工作状态。在工作中，他们通常独自行动，不喜欢与别人合作。比如，公务员或者银行的工作对浪漫主义者来说是不适合的，这种重复性工作会让他们难以忍受。

第二，职场上的浪漫主义者想法独特，特别有创新能力。设计公司或者广告公司如果聘用浪漫主义者来工作，一定会做出非常特别和有创意的设计和广告。

第三，职场上的浪漫主义者有点变幻无常，经常改变自己的主意。他们前一秒可能会发现自己方案中不满意的地方想去改正，后一秒又会觉得自己的方案没有问题。所以，那些质检和严谨的工作不宜交给他们处理。

第四，职场上的浪漫主义者的工作方式和方法非常独特。他们喜欢跟别人不一样，不喜欢循规蹈矩的办事方式。所以，领导要是有重要的事情交给浪漫主义者，就要想好，他们可能会给你带来麻烦或者是意外的收获。

第五，职场上的浪漫主义者很在意周围同事的感受，他们会及时和心情不好的同事沟通。在这一点上，浪漫主义者是值得交往的好朋友。和实干者只围绕在风光人物的面前不一样，浪漫主义者会在朋友和同事处于低谷时给予支持和帮助。

第六，职场上的浪漫主义者很在乎领导对自己的关心以及同事之间的友爱。他们对感情的索取很强烈，对金钱和物质看得较轻。

浪漫主义型职场者的案例

一

杨岚是一个官员家庭的子女，因为父母的关系，杨岚一毕业就进入了银行工作。在杨岚的父母看来，银行工作清闲、薪资待遇高，是女孩子不错的选择。

可是，这个不错的选择在杨岚看来却犹如地狱一般，才上了一个月的班，杨岚就感到乏味无趣，一点意思也没有。每天到了办公室，就盯着面前的电脑看一天，她觉得自己都快发霉了，情绪状态也越来越差。

后来，在杨岚的极力劝说下，父母终于同意不再替女儿安排生活，让她选择自己的生活。就这样，杨岚辞掉了令很多人都向往的银行工作，去了法国留学，她想在国外追寻自己的梦想——当一名设计师。

两年之后，杨岚学成归国，被一家设计奢侈品的公司高薪聘请。现在，杨岚已经成为这家企业的首席设计师。虽然每月挣得很多，但却很辛苦。说起当初的选择，杨岚兴奋地说："我一点也不后悔自己当初的选择，设计让我觉得自己的生活丰富多彩，而银行的工作虽然很稳定，可是它就像一潭死水一样，毫无生机。"

二

说起杨华经理，整个公司的人都知道他是一个最容易变化的经理了。这是怎么回事呢？原来，杨华经常改变自己的决定。前一秒才派出去的任务，下一秒就有可能改变。

就拿最近发生的事情来说吧！公司要杨华的部门拿出一个项目预算，杨华派手底下的人去做了一个，看过之后，他提出了要修改的几个方面。听取了经理对项目预算的修改意见，新来的小王就赶紧去办了。

可是到了第二天，杨华却要之前那个项目预算，弄得小王左右为难。后来，他才老实交代，已经熬夜将昨天的方案给改了。

虽然杨华没有过于严厉地批评小王，但是经过这件事情之后，小王也和公司其他人一样，开始放慢执行杨华经理交代的事情，因为说不准领导什么时候就会改变主意。

案例一中，杨岚的职场经历就阐明了一个浪漫主义者面对工作的态度。稳定的、没有变化的工作，会让他们失去耐心和热情，想要迅速逃离；那些能表现自我、富于创新色彩的工作，更能吸引他们，满足浪漫主义者的心理需求。

经常改变自己的主意，也是浪漫主义型职场者身上的一个典型特征。他们不像实干者，认准了一件事情就一定要去做，不达目的不罢休。浪漫主义型职场者不适合当领导者，他们会影响整个公司的执行力。

读懂职场中的浪漫主义者

当你在职场中遭遇浪漫主义者时，不妨从以下几个方面入手。

一方面，当你遭遇浪漫主义型领导，在执行他安排的工作任务和做出的决定时，不妨多确定几次，促使他做出最终的决定；同时，浪漫主义型领导更欣赏那种特立独行、不按常规办事的员工，但前提是你一定要将事情办得成功，否则只会吃力不讨好。

另一方面，当你遭遇浪漫主义型下属时，你需要做到以下几点：

第一，要给他有力的情感支持，浪漫主义者一般不在意物质和金钱，但是极其在意领导的关心和呵护。所以，作为领导要关心他们生活中的小困难和小问题，这些事情虽然很小，但会让他们记在心里，积极工作的热情将更加强烈。

第二，要选择正确的方式方法和他们进行沟通和交流。浪漫主义者非常在意自己的感受，在交流中，领导可以尝试从他们的感受出发，多关心和了解他们的感受，将对问题的解决有极大的帮助。

第三，要对他们的时间进行严格的规划。浪漫主义者从来不会仔细规划自己的时间，如果领导交给他们的任务，需要一周的时间完成，浪漫主义职场者一定会拖到最后一天熬夜去做，其他时间都在玩。所以，领导不妨将任务分成几个模块，每天让其提交一部分工作成果，这样就可以保证任务完成的质量了。

此外，当你遭遇浪漫主义型同事时，你需要：

第一，在他工作的时候不要妨碍或试图帮助他，比起团体完成一个任务，浪漫主义者更喜欢单独完成一项工作。

第二，在他情绪低落和悲伤时，能第一时间发现并且安慰他。浪漫主义者是一个能很好地关心和呵护别人的人，但他们也需要在自己低落和悲伤时有人在乎自己的感受。

第三，要尊重他的特立独行和创新表现，不要试图用自己的思想影响他。因为他们总想表现出自己和别人不一样，“一样”会让他们觉得乏味至极。

无法忍受生活的平淡——婚恋中的浪漫主义者

一提起浪漫主义者，大家的脑海中立马会出现多情、浪漫、幽默等词汇。那么，在婚恋中的浪漫主义者是否真的具备如此特质呢？

浪漫主义型伴侣的特点

第一，浪漫主义型伴侣经常患得患失，他们害怕被遗弃，害怕失去爱，害怕找不到真实的自我。所以，当浪漫主义型伴侣恋爱、结婚了，他们就会经常问自己的伴侣对自己感觉怎么样，但自己对于感情却是处于若即若离的状态。

第二，浪漫主义型伴侣特别注重彼此之间的感觉。哪怕他们已经结婚了，也不会静下心来过安稳和平淡的日子。在他们看来，彼此之间有感觉，婚姻就存在，要是没有感觉了，那么婚姻也就名存实亡。

第三，浪漫主义型伴侣在爱情中经常出现分分合合的现象。当浪漫主义型伴侣和别人产生亲密感情之后，对方可能会表现出自己真实的一面，不再像之前那么浪漫，这个时候浪漫主义型伴侣会因为忍受不了没有浪漫的感情，而将对方推开。可是离开对方之后，他们又会加倍地思念对方，从而又去找对方和好。

第四，浪漫主义型伴侣经常幻想自己的爱情和婚姻生活。一旦开始幻想，浪漫主义型伴侣就会觉得眼前的婚姻生活很不真实，从而觉得现实和理想的差距很大，自己一直追求的真实的、纯粹的感情并不存在。

第五，浪漫主义型伴侣总是会关注到婚姻生活中的一些负面现象，如伴侣没有之前对自己关心和呵护了、伴侣经常晚归了等，从而扮演生活中的受害者形象。所以，浪漫主义型伴侣在婚姻生活中往往很受折磨。

第六，浪漫主义型伴侣受到婚姻的伤害时，往往会回避伴侣和家人，将自己封闭起来疗伤。这样不利于两个人的沟通和交流，让矛盾越来越多，等到浪漫主义型伴侣自己解决不了的时候，两个人的婚姻也就走到了尽头。

浪漫主义型伴侣的案例

一

著名的台湾女作家三毛是一个典型的浪漫主义者，她一生流浪过 54 个国家，在流浪中，她一直追寻梦寐以求的爱情，到死也没有放弃。

被我们大家熟知的三毛语录是，荷西问三毛：“你想嫁一个什么样的人啊？”

三毛回答说：“看得顺眼的，千万富翁也嫁；看不顺眼的，亿万富翁也嫁。”

然后，荷西又问三毛：“那么我呢？”三毛回答说：“要是你，够吃饭的钱就可以了。”

三毛不仅是这样说的，也是这样做的。1973年，三毛和西班牙男子荷西在撒哈拉沙漠结婚，可是幸福的日子总是那么短暂，在三毛和荷西结婚的第六个年头，荷西在一次潜水中丧生，从此，三毛活在了对自己丈夫深深的思念之中。两年之后，忍受不了思念煎熬的三毛穿着花睡衣，用丝袜结束了自己的生命。

三毛和荷西的爱情故事一直被人广为传诵。人们在赞叹这份美好爱情的同时，也会为三毛的离开而感到惋惜。但是，了解了三毛的浪漫主义特质，大家就会觉得她的离开是在情理之中，因为浪漫主义者最看重的就是彼此之间的那种爱的感觉，当爱不存在了，也就没有活着的价值了。

二

刘亮是一个实干者，可他却娶了一个浪漫主义型的老婆，两个人在婚姻生活中因为不同的看法和价值观，争吵不断。

就拿穿衣服这件事情来说吧，刘亮觉得衣服够穿就可以了，他只在意工作时候要穿的衣服，可在家一般都是背心和大裤衩；可是刘亮的老婆却是个购物狂，每月都将钱用在了穿衣打扮上，衣柜里堆得满满的都是她的衣服。

还有就是刘亮经常加班回不了家，刘亮的老婆很是生气，觉得刘亮一点也不浪漫，就连过节也给不了自己任何惊喜，她只能通过上网和到处去旅游来宣泄自己郁闷的情绪。同时，刘亮的老婆也希望在旅途中能有一次美好的邂逅。

从刘亮和老婆的婚姻生活现状来看，两个人的婚姻岌岌可危。之所以会产生这样的状况，主要是因为两个人性格的差异。在日常生活中，实干者和浪漫主义者持有的是完全相反的人生理念，这必然会产生摩擦和矛盾。

读懂婚恋中的浪漫主义型伴侣

想要了解婚恋中的浪漫主义型伴侣，务必注意以下几个方面：

首先，如果你喜欢上了一个浪漫主义者，就要学会对他若即若离，死缠烂打对他们来说是不管用的。比如，刚认识这个浪漫主义者时，你可以请他吃饭、看电影和在他上下班的路上等候，持续一段时间之后，你忽然什么也不做。这时，浪漫主义者就会不习惯，开始主动找你。但是，在运用这个策略的时候，一定要记住：对方对你是有感觉的，要是没有感觉，你的出现和消失对他来说都无所谓。

其次，如果你想和一个浪漫主义者长久地生活下去，那么你就要尝试让自己懂些浪漫和情调。浪漫主义者喜欢和自己志同道合的人，就像古代李清照和赵明诚的婚姻，因为他们在各个方面都能谈到一起，所以他们的婚姻很幸福。

再次，如果你是一个浪漫主义者，那么在婚姻中你就要尝试看到对方的优点和长处。如果你一直盯着婚姻中的负面情形，过不了多久，爱情的美好感觉就会消失殆尽。所以，你要经常看到美好的方面，放大伴侣的优点，就会重新激发对爱情的美好感觉。

最后，当浪漫主义者受到挫折和伤害时，不要独自躲起来，要尝试向另一半打开自己的心扉。彼此之间的感情培养是需要沟通和交流的，在沟通和交流中化解矛盾，消除两个人之间不利于爱情成长的因素；而对于浪漫主义者的伴侣来说，及时发现他的情绪变化，给予积极的支持也是必不可少的。

驾驭自己的情绪——浪漫主义者心理调适

悲情的浪漫主义者一般会有两种工作，即养家糊口的工作和艺术家的真正工作。他们喜欢那些需要经过身体训练才能完成的工作。浪漫主义者精通玄学，能够成为思想深邃的哲学家，他们追求内心的高层次境界。因此，浪漫主义者适合从事文艺创作、创伤心理顾问、动物权益保护等工作。他们对宗教、仪式和艺术充满兴趣。

浪漫主义者不适合在普通环境下的世俗工作，在办公室里日复一日的工作是他们最无法忍受的；他们也不能忍受和比自己更富有、更有才华的人一起工作，那样会让他们感到压抑和痛苦，感觉自己的才华无法得到更好的展示。

浪漫主义者对苦难有一种与生俱来的熟悉感，他们特别适合与那些处于危难或者悲伤之中的人一起工作（如失业的人们、处于灾区的人们）。浪漫主义者的身上有一种独特的毅力，能帮助那些在危难中或者悲伤中的人走出巨大的情感创伤，而且他们也愿意花费大量的时间陪在朋友的身边。当浪漫主义者将自己的注意力放在别人身上的时候，他们也就不会注意到自己的欲望了。

嫉妒是浪漫主义者最大的特质。浪漫主义者的嫉妒来自得不到的事物的强大吸引力。这个时候，学会平衡对浪漫主义者来说是至关重要的。平衡就是帮助他们消除嫉妒、解决矛盾。平衡能帮助浪漫主义者化解对得不到的某个东西的占有欲和对现实的厌烦感，意识到自己正在拥有的一切。

对浪漫主义者来说，个体需要加强自我观察的能力，能感受到自己注意力的变化。当自身的注意力变得虚无缥缈的时候，要及时发现，并且回归到现实生活中，对眼前的一切感到满足。

作为一个浪漫主义者

停止对过去以及未来的毫无意义的想象，尝试让自己专注于当下的事情，不断暗示自己：我现在需要做的就是当前的工作，当前的工作才是我的一切。

不要对别人的感应能力抱太大的希望，你要知道，生活中的大部分人并不像你一样拥有超强的感应力。所以，不要勉强别人时时刻刻能读懂自己、体会到自己的情绪。

如果你有什么感受，可以告知自己身边的人，不要等着别人去猜，不要试图用别人的关注来判断别人对你了解多少。

在和身边的人讨论问题时，要提防自己的情绪，不要陷入自我情绪化的回应里。

如果可能的话，告知你周围的朋友或者亲人，你可能会过度情绪化或者会分散注意力，请他们帮助你保持稳定。

当你觉得目前的自己沉迷于一种悲观失落的情绪中无法自拔时，不要一个人躲起来疗伤，找一个朋友来帮助你开朗起来。

当你觉得自己没有被尊重或者是受到迫害的时候，不要变得冷嘲热讽，要将自己目前的感觉告知周围的人，并询问他们对这件事情的看法和态度。

作为一个与浪漫主义者交往的人

当你需要他们的帮助时，请直截了当地说出你的想法和请求，因为他们虽然热衷于自己的事情，但同样也很乐意帮助别人。

当你有什么感觉和想法的时候，一定要及时告知他们，他们最害怕的事情就是摸不透别人的想法，不知道别人此刻的感受。

要学会适应他们的情绪，他们的情绪表现有些夸张，起伏也比较大，不要试图改变或是平复他们的情绪。

要密切配合他们的行动，让他们感受到你对他们的支持。如果你足够了解他们，你也会因此改变自己的步调，和他们保持一致，这样你也会觉得很舒服。

如果你发现他们正处于某种情绪中，应及时询问他们此刻的感觉，并且理性地和他们讨论这种情绪。

要学会称赞和表扬他们，特别是当他们提出一个富有创意又很独特的点子时，要称赞他们的成果以及因此带给大家的欢乐。

要学会在细微处给予他们支持和鼓励。他们自我评价不高，总是希望有人认可自己，在细微处给他们关心和呵护，会让他们知道你在乎和重视他们。

要耐心倾听他们的想法，他们具有别人意想不到的见解，如果有人能认真倾听，他们会觉得自己被重视，并且会感到自信。

心理专家给浪漫主义者的建议

当悲情的浪漫主义者开始关注自己无法得到的事物或者开始对已经拥有的事物寻找缺点时，就需要及时关注自己的这种变化，调整自己的心态。浪漫主义者可以通过下列方式帮助自己。

第一，认真反思，承认自己的缺点是真实的，但是在悲伤过后，要赶紧将这种情绪放到一边，不要让自己一直处于这种消极氛围中。

第二，要注意自己强烈的情感变化，不要将自己完全投入进去。一旦陷入强烈的情感之中，要学会将自己的注意力转移到其他事物上，让自己从这种专注中解脱出来。

第三，养成善始善终的习惯。整理之前未完成的或者是被自己放弃的事情，把他们当成一种新的工作继续完成。

第四，培养自己多种多样的兴趣，结交各种朋友，将自己的注意力从抑郁中转移出来，发现生活中充满美和阳光。

第五，要为自己能感知到别人的悲伤和痛苦，并能帮助别人而开心和自豪。要相信这就是自己的价值，也是对别人的价值。

第六，让别人知道过度亲近会遭到你的攻击，请他们不要误会。告知周围的亲人和朋友，在你生气和难过的时候不要离开，这样你会确信，即使自己受到攻击和伤害，他们也不会抛弃你。

第七，不要将自己和他人进行比较，嫉妒只能使自己感到更加抑郁和悲情。要尝试看到自己拥有的，要敢于接受真实的自己。

第八，要尝试将自己的注意力放在当下的事情上。当注意力有所转移时，要提醒自己不要执着于眼前事物的负面因素，要看到积极乐观的一面。

第六章

关注他人，用心聆听
——观察者

观察者是天生的思想家，他们喜欢那些深刻和抽象的东西。他们不喜欢和外界接触，对待感情很迟钝。职场中的他们对待工作从来不会感情用事，喜欢有足够的思考时间，信奉知识就是力量。婚恋中的他们对感情很木讷，不会说甜言蜜语。观察者要学会和别人分享自己的重要成果，不要让自己的真实情感被理性的分析所取代。

安静地旁观，深刻地思考——观察者

以下是观察者的一段自我描述：

我喜欢待在家里，憧憬那种几乎与世隔绝的生活。我经常将家里的电话和自己的手机关掉，不想外面的人来打扰我。我的内心世界只会向很少的人开放，别人的靠近，会让我感到不安和恐惧。

我是天生的思想家和侦查员。对于自己不懂的问题，我会积极发问。我对生活中的一切问题都很好奇，家里的问题我会问爸爸和妈妈，学校的问题我会请教老师和同学。总之，我不会放过任何一个可以让我增长知识的机会。

我特别独立，对物质和金钱的需求也很少，我从来不会跟别人攀比，也不希望别人来评判我。在学校或在单位，我总是会找借口离开那些评判性的活动。不管别人怎么看待我，我认为自己比他们优秀。

当我投入一件事情的时候，我会非常认真，身边的任何事情都不能使我分心，有时身边的人跟我说话，我都注意不到，这个时候他们就会非常生气。我喜欢纯理论性的东西，越是抽象的东西，我越喜欢研究它。

我对感情很迟钝，不善于交际，身边的朋友都说我像个冷血动物。其实，我并不是这样的，我只是觉得人们应该平心静气地看待周围发生的事情，没有必要太感情用事。对于那些冲动冒失、喜欢感情用事的人，我是非常不理解的。

对于生活中的很多事情，我并没有亲身经历过，但是我会用我发达的大脑想清楚这件事该如何去做。有一次，一个朋友问我会游泳吗，我告诉他，游泳需要带什么东西、怎么下水、怎么呼吸等。每一个游泳的细节我都了如指掌，但是说实在话，我其实并没有真正下过水，不知道游泳是什么滋味。

我一直哀叹不能遇见赏识自己的伯乐，满肚子的学问不知道该向谁去说，我觉得世界上能欣赏我才华的人只能是我自己了。这是一件多么悲哀的事情啊！

从上面这个自我描述中，我们可以概括出观察者的如下人格特点：

观察者不喜欢和外界接触，他们通常会将自己封闭起来，切断自己和外界的联系。他们觉得别人靠近自己是一件危险的事情，如果将自己暴露在众目睽睽之下，他们会感到非常不舒服，有想立马逃离的冲动。

比如，你拉着一个观察者去参加朋友聚会，他们刚开始会找各种理由来拒绝，可是你还是强行将他拉走了。到了聚会现场，他就会躲到一个谁也注意不到的角落里，一个人观察周围的其他人和整个聚会现场。

观察者在和别人的交往中，几乎很少用语言，他们会用自己的行动和思想来维持自己和周围人的关系。要是明白观察者的朋友，就不会要求观察者有太多的情感流露，他的一个眼神和动作就会让朋友知道他需要什么。

观察者喜欢那些深刻和抽象的东西。越是别人不明白、看不懂的，观察者就越喜欢研究它们，他们觉得最惬意的事情就是在图书馆埋着头搞研究，等自己弄明白了眼前的问题，他们会感到非常开心。同时，观察者也会密切关注新闻等信息，他们会根据自己的了解对国内外大事进行深刻的剖析。

比如，图书馆里那些马克思主义理论、微积分、进化论等著作一般都是观察者借去阅读的；而那些言情小说、心理学等书籍通常浪漫主义者借的比较多。

观察者一般都有自己特殊的技能，但是由于他们缺少和别人沟通交流的时间，所以他们的生活技能相对较差。

例如，前几年新闻报道上说，有一个清华大学的博士生，因为不懂得如何和别人交流，最终被社会所淘汰。这个清华大学的博士生应该就是一个观察者，他痴迷于自己的学术研究，不理会周围的人际关系和自己的生活。结果，当他的学术水平达到极致时，却发现自己和外界的交流存在无法逾越的障碍。

观察者有轻微的妄想症，许多事情他们并没有真正实践过，只是在脑海里幻想过。但是，当有朋友问他们做过没，他们会说自己做过。在观察者看来，自己只要想过，就是做过，任何一件事情，不一定要做到，只要自己想明白就行了。

观察者对待感情很迟钝，当周围有人频频向他们表达爱意时，他们不知道该如何应付，更不知道别人是出于爱的表达，常常会显得手足无措，不知道该怎么办。

例如，当一个女学生向观察型的大学教授表白时，这个大学教授会吓得躲藏起来，然后暗自分析这个女学生是否精神有问题。当排除了这种可能性之后，他又会赶紧去看有关女人的书，猜想女人是个毫无理智、喜欢感情用事的人，进而将这一结论推广到身边其他女人的身上，开始戒备和任何女人的交往。

观察者讲话的方式很平淡，他们不像浪漫主义者那样，说话的时候抑扬顿挫，很吸引人。不管多么大的事情，观察者都是同一种语调，没有任何感情色彩，使听他们说话的人不知道重点在哪里。但是他们说的一些话通常很有深度，有自己的见解。

很多人都不明白为什么大学课堂上经常睡倒一大片学生，学生们抱怨老师讲得太平淡，没有意思，要真是这样，他们怎么会成为大学教授？其实，这和老师的特质分不开，大学里的老师很多都是观察者，理论知识很丰富，见解也很深刻，但是由于本身的表达平淡，可能无法吸引太多学生。但是只要上课认真听，你就会发现，这些老师的想法和见解确实高出一般人。

最后，观察者的人际关系都不怎么好，这可能和他们不善于处理人际关系有关。经常将自己封闭起来的人会形成一种很自私的想法，他们不信任周围的人，不愿意将自己的东西和别人分享，逐渐地，周围人也就不喜欢和他们待在一起了。

曾经有个木匠师傅，在教自己的徒弟时，总是留一手，不将自己全部的技能教给徒弟。大家不明白他为什么要这么做，他后来解释说，一旦徒弟学会了他所有的精华，那么他的饭碗岂不是保不住了？这则故事用来形容那些观察者再贴切不过了。

用心思考的观察者——史铁生

在九型人格中，说话最少，思考最多的人应该就是观察者了，因而观察者是一个躲在自己的世界里，用心来思考的人。提起用心思考，我们会不由自主地想起一位伟大的文学家和小说家——史铁生。

史铁生是河北人，他出生并求学于北京，后来去延安插队，21岁的时候由于双腿瘫痪，他被送回了北京，再后来他患上了肾病，并因此演变为尿毒症。在和病魔做斗争的过程中，顽强不屈的史铁生开始用心思考自己的生命，并创作了一部部影响后人的杰出作品。

在史铁生的著作中，大家最为熟悉的是《我与地坛》。当时，史铁生在双腿残废的沉重打击下，心情特别郁闷，不知道自己的出路在哪里，所以他走进了地坛。从此，史铁生与地坛结下了不解之缘。

有400多年沧桑历史的地坛似乎拥有某种独特的魅力，它给予了史铁生顽强生活和奋斗的力量，激励史铁生开始重新思考自己的生命。在思考的最初阶段，史铁生认真观察和反省自己的个人遭遇，他懂得了人的生命是一个不可捉摸的过程，中间遇到的残酷和伤痛是无法选择的，人无法改变这个事实，只能尝试让自己接受。

接着，史铁生将自己的视野由自身转向了外界，他开始注意除了自己之外其他人的生活和命运。第一个被关注的就是史铁生的母亲，他发现，母亲身上承受的痛苦远远比自己还要多；后来，史铁生又看到了一个很漂亮但却患有弱智的姑娘，他再一次感受到了命运中那些苦难和悲痛的无可奈何。

从这些人的身上，史铁生明白了，他们都是被上天选中注定要受苦受难的人，既然命运已经无法更改，他们要做的只能是安然接受。所以，基于这样的思考，史铁生豁然开朗，不再怨天尤人和闷闷不乐，而是开始了自己坚强不屈的斗争。

从史铁生的《我与地坛》中，我们可以看出，史铁生通篇对自己和别人生命意义的追寻和思考，都是作为观察者的显著特征，观察者会沉浸在自己的世界中，深入地思考常人一般难以捉摸的问题。他们在思考中会明白和彻悟人生的许多大道理。

《病隙碎笔》是史铁生的又一部用心思考的作品，它是在史铁生 48 岁时经历一次次痛苦的透析过程中所写的。史铁生的这部作品结构很独特，他是通过一些片段的连接来完成的，这些片段写的是史铁生在透析时所承受的巨大苦难。所以，《病隙碎笔》凝结着史铁生关于生命、苦难、信仰、爱情和艺术的深深思考。这些思考是史铁生从自己和死神斗争的过程中赢得的思想灵光。

当下处于消费时代的作家们，很多都已经放弃了对自我的思考和对活着的意义的探寻，但是史铁生却居住在自己的内心，坚守着自己一直苦苦追寻的价值观和生命观，并且不屈不挠地和外界的困难与挑战做着斗争。

史铁生身上的这种品质也是观察者所具备的重要特质，观察者一般不会人云亦云，他们会坚持自己需要的，并且朝着那个目标一直努力，在他们沉浸在自己的世界时，他们一般不喜欢受到打扰，由于他们投入得比较深，所以外界很难影响到他们。史铁生就是这样一个沉迷于自己的世界，用心来思考的人。

后人在评析史铁生的作品时曾提出，史铁生之所以会进行这么深刻和独到的思考，是因为史铁生身体上的限制阻止了他去做别的事情，因此他才会将大部分的时间用来思考生命和探究生命的意义。如果史铁生是一个健全的人，他绝不会成为一个用心思考的人，也不会创作出杰出的作品。这些看法是正确的吗？如果史铁生不是一个残疾人，那么他还是一个用心思考的观察者吗？

观察者的评定不仅是由思考的特征来决定的，更主要的是一种对深奥问题的追寻和探究，是对人的深层次意义的洞察。不管史铁生是否残疾，他身上的那种与生俱来的智慧和独到见解不是别人能比拟的。我们只能说，即使史铁生没有残疾，他也会比其他人考虑得更加周详和深入；即使有的人残疾了，他们也不会像史铁生一样有见识和会思考。

其实，史铁生对残疾曾经有一个很明确的定义，他说：“人所不能者，即是限制，也就是残疾。”按照史铁生的这个说法，每个人与生俱来都是残疾，只是有的人能认识到自己的残疾，而有的人一直没有意识到而已。

在《病隙碎笔》这部作品里，史铁生写了一个沉默的人，这个人就是另一个史铁生，他以多种面孔出现在作品的每个场景中，时而冷静，时而幽默，时而沉重，时而深邃。他以不同的姿态出现，又以一种冷静的态度对这些面孔进行审视，从而思考着自己的生活，也理解着自己的人生。

在这个物欲横流的社会，我想我们每个人都应该尝试做史铁生一样的观察者，在某个夜深人静的时候，慢慢静下心来，重新审视镜子中的自己，看眼前这个人还是你所熟悉的那个人吗？看看自己到底在追寻什么？自己的生命意义在哪里？我想，通过不断的反思和审视，你也会像史铁生一样有巨大的收获。

史铁生的身体虽然是残缺的，但他的思想却是健全和丰满的，他虽然历尽生活的苦难，但是他却向世人表达了明朗和欢乐的精神世界。究其根本，还是因为史铁生是一个睿智的观察者，他不会为外界所动，而是沉浸在自己的世界中用心思考。

关起门来思考——职场中的观察者

观察者处于职场中是怎样的表现呢？本节将为你介绍职场中的

观察者。

职场中观察者的特点

第一，职场中的观察者信奉的工作信条是：知识就是力量。所以，他们会利用一切空闲的时间来学习，上下班的公交车或地铁上，都是他们学习的时间。他们学的内容很广泛，只要是生活中出现的知识，他们都会学习。

第二，职场中的观察者对公司同事的态度有些冷冰冰，总让人觉得无法靠近。一般在公司中，朋友最少，喜欢独来独往，并且比较清高的那个人，就是观察者。

第三，职场中的观察者喜欢有足够的思考时间，所以那些节奏快、需要立马拿出结果的工作并不适合观察者，他们更喜欢类似于研究型工作。

第四，职场中的观察者从来不会感情用事，他们对待工作一丝不苟，喜欢拿数据说话。所以，将一些严密的和精确的工作交给观察者去做，是一件非常靠谱的事情。

第五，职场中的观察者不擅长处理人际关系，也不喜欢和人面对面交流某些问题。销售等工作是最让观察者忍受不了的工作，他们和人的交流一般是邮件和短信，不得已的情况下才可能打电话和见面。

第六，职场中的观察者喜欢独自思考工作中的问题，不喜欢和别人商量着来。当领导交给观察者一项任务时，可以给他规定一个期限，在这个期限中尽量不要打扰他，这样的做法和浪漫主义者完全不同。浪漫主义者必须每天提醒和督促，但是观察者就不需要，他会在有效时间内保质保量地完成任务。

职场中观察者的案例

一

李先生供职于一家国有企业，他是一个典型的观察者。他和本企业的其他员工不一样，其他人会在没事的时候凑在一起聊天，可是李先生一旦没事，就会眯着眼睛在椅子上冥想一会儿，要不就去楼道里抽根烟。

对于周围同事谈论的事情，李先生从来不发表自己的看法。在他看来，每个人的观念和想法不一致，没必要说出自己的看法，万一不对，会让他很难堪，而且在很多人面前讲话，李先生会非常紧张，索性也就不去参与他们的讨论了。

李先生越是不说话，周围的同事越是喜欢有事找李先生商量，可能在他们的意识里，这种人相对靠谱些，有事情也愿意交给李先生去办。李先生每次都不会辜负大家的期望，说的话很在理，办的事情也很让人放心。

对于企业中的升迁和提拔，李先生从来都躲得远远的，他不喜欢跟别人争这些，觉得为了无关的钩心斗角浪费自己的精力很不划算，还不如多学一些知识，在其他方面发挥自己的价值。

从李先生的身上，我们可以看出他是一个典型的观察者。他不愿意在公众面前发表自己的看法，喜欢自己单独思考一些问题。对于名利看得很淡，觉得自己的价值不需要别人来承认，自我感觉有与众不同的地方。

二

肖杨是一个观察者，同时也是一位态度很冷淡的领导。不管是在工作中，还是在工作外，他总是一副冷静严肃的面孔，让员工们觉得他很难靠近。

肖杨所在的单位是做销售的，免不了要和人打交道，可是肖杨却尽力避免和人面对面的接触，他会将自己的想法和意见做成电子文档，然后通过邮件的方式和对方交流，实在不行就电话商谈，见面的机会很少。好在肖杨的客户都是一些老朋友，也不会介意这些，再加上肖杨严谨的思维，邮件和电话交流也没有任何问题，所以，多年以来，肖杨的工作倒也做得很好，深得高层领导的信任。

肖杨有一个奇怪的癖好，就是将自己锁在办公室里独自思考，有时好几天都不出门。一旦公司有了新的预案，别的领导会火速召集手下员工来一起商量对策，可就肖杨来说，他会将自己锁在办公室，一个人思考，并且不让其他人来打扰。等他有了可行的方案，才会派给手下人去做。

肖杨的下属们私下里都说自己的这个领导有些捉摸不透，并且在他手下做事很累。为什么不和大家一起商量来解决问题呢？

肖杨身上那种跟别人疏远，喜欢关起门来自己思考，有什么事情不喜欢跟别人面对面交谈，而是通过邮件和电话的方式解决的特点，都属于观察者典型的特质。跟这样的人共事会让人捉摸不透，但是他们的思想和见识却是足够的深远。

读懂职场中的观察者

当你身处职场，身边有个作为观察者的领导或同事时，你该怎么办呢？

首先，当你有一个观察型上司，你就要注意和上司接触时要毕恭毕敬，不要太随便，观察型上司特别注意员工的行为表现。更不要和上司有身体上的接触，这会让上司感到非常不适。在上司关起门来思考问题和工作时，不要自作聪明地打扰他，如果有什么问题，务必等到他思考完毕之后再提出。多学习日常工作中的知识，观察型上司偏爱知识丰富的人才。

其次，当你身边有一个观察型同事时，你可以尝试问他对于某些深奥问题的理解，他们身上那种非凡的智慧和见识能给你带来许多收获。如果有非常重要的事情要交给同事办，观察型同事一定是一个很好的人选，只要你说清楚要干的事情，观察者一定会帮你办好。但是，不要试图让观察者帮你做类似于溜号、打卡等投机取巧的事情，他们不但不会干，还有可能会坏了你的“好事”。

再次，当你有一个观察型下属时，作为领导在分配任务时一定要给予他明确的时间，并且在有效的时间内，不要催促他，这会让他感到不耐烦。在做一个决定时，可以在最后时刻问一下观察者的看法，他们一般富有思想和见识，会给你很有价值的建议。允许观察者做一个独行侠，团体行动会让他感到压抑，但是要让他知道，他是对整个团体有作用和贡献的。

最后，职场中的观察者应该尝试拆除自己内心的壁垒，多和周围的人接触。这样不但能让自己的眼光更加深远，也会让自己的工作和生活变得更容易。

充满诱惑的神秘气质——婚恋中的观察者

当观察者处于婚恋生活中，是否也会将自己紧紧封闭起来，不让自己的伴侣靠近呢？婚恋中的观察者到底是怎样的呢？本节将为你揭秘。

观察型伴侣的特点

第一，观察型伴侣选择异性的条件是——漂亮和有思想。他们对伴侣的物质条件和家庭背景不是很关心，但却对容貌和思想很看重。在他们看来，一个有思想的女人是一本有深度的书，而美女是一本包装精美的书，更有阅读的价值。

第二，观察型伴侣对感情很木讷，不懂得如何赢得一份感情，但是他却能吸引别人来到自己的身边，这可能与观察者本身的气质有关。他们有见识和思想深度，并且将自己封闭起来，这会对人形成一种神秘感，吸引别人前来探索。

第三，观察型伴侣不会说甜言蜜语，有时会让人感觉很冷漠，他们不懂得自己的爱人要的是关心和爱护，有时会机械地用书本上学到的理论知识来解决问题，然而结果常常是问题非但没有得到解决，还被扩大了。

第四，观察型伴侣就像长不大的孩子，需要别人的照顾和关心，他们一般不做家务，也不懂得照顾自己。和观察者在一起，你就要学会照顾他们，时间久了，观察者的伴侣会感到非常疲惫，两个人也会因此而产生矛盾。

第五，观察型伴侣会非常尊重对方的秘密和隐私。他们不喜欢别人过多地干涉自己的思想和生活，同样自己也不会干涉别人的思想和生活。他们很崇尚夫妻之间彼此信任，各自做自己的事情，但是彼此又有很多默契。

观察型伴侣的案例

一

小 A 是一个给予者，小 B 是一个观察者。刚开始的时候，小 A 觉得小 B 身上的神秘气质吸引着自己，她慢慢爱上了这个思想深刻的“百科全书”。虽然小 B 对于生活中的许多事情都不会做，但是小 A 决定，自己来照顾小 B，两人就这样在一起了。

刚开始，小 A 崇拜小 B 的才华和思想，心甘情愿地照顾小 B，日子倒也过得很惬意。可是，逐渐地，矛盾开始产生了。比如，小 A 上了一天的班，已经非常辛苦，她很渴望老公能安慰自己几句，或者帮自己分担一些家务。可是一进门，小A就发现小B正在捧着一本书眉头紧锁，根本没有注意到小A的存在。

小A气急了，她边换鞋边大声喊：“头疼死了，头疼死了！”听到喊声，小B终于抬起头说：“具体哪里疼？”小A没好气地说：“全都疼！”这时，小B回答：“卧室的抽屉里有治头疼的药，你吃了一个小时就见效。”说完，小B拿着书跑书房去了。

这下，小A气极了，她哪里是头疼啊，她只是需要老公的安慰和关心。可是这对作为观察者的老公小B来说，是何其的难啊！

案例中的小B就是一个典型的观察者，他对于感情很木讷，不知道如何关心和安慰自己的老婆，只是实事求是地解决老婆并不存在的问题。跟观察者在一起，你就要学会自己照顾自己，习惯没有甜言蜜语的日子，或许你也可以换一种思路，观察者解决你的问题也是对你的一种关心。

二

张先生是一个典型的观察者，他是一家不知名企业的普通职员。虽然张先生自身条件不怎么样，可是张先生的学识很渊博，对什么都了解一些，但是却很少在众人面前展示。偶尔说出来的几句话，都非常深刻和有道理。

正是因为张先生身上的内涵和低调吸引了本企业最漂亮的姑娘。在众人的撮合下，两个人喜结连理。婚后，这个漂亮的姑娘对张先生又有了进一步的了解，张先生生活节俭，从不乱花钱，每天下班也不像其他人一样，一进门就开电视，而是躲在书房看书或者思考，直到她将饭做好，他才会出来。

虽然张先生不会像其他人一样说许多甜言蜜语，但是他从来没有在外面拈花惹草；虽然张先生不会主动帮助太太做家务，但是在太太有需要的时候，他也会立马跑出来帮忙。

对于张先生，那个漂亮姑娘幸福地说："幸福就是平平淡淡，虽然跟他在一起听不到甜言蜜语，但我却感到很踏实。其实，生活就是踏实，不是吗？"

的确，正如漂亮姑娘所说，生活就是踏实，和观察型伴侣生活在一起，你要习惯没有甜言蜜语和温情浪漫的生活，但是他们会给你足够的踏实和安全感。

读懂观察型伴侣

读懂观察型伴侣，你就会发现和他们生活在一起，也是一种幸福。

首先，当你自身是一个观察者时，你要学习在恋爱和婚姻时，好好读读关于女人这本书。女人是一个需要关心和呵护的动物，虽然她们喜欢你的神秘和内涵，但是她们更希望这种神秘是对别人的，她自己可以走进你的内心，你也是关心和在乎她的。观察者可以尝试让自己的语言变得柔软一些，同时关注身边的细节问题。

其次，当你有一个观察型伴侣时，你就要明白，你的爱人是一个内心很丰富，但是表达很苍白的人，他不说并不代表他不爱你和不关心你，他只是不知道该怎么表达而已。你要学会读懂自己的爱人，明白自己的爱人是怎样的一种人。同时，注意自己在他面前的表现，他喜欢有思想、有见识的女人，你的思想也代表着他对你的喜爱程度。

再次，观察者的伴侣要学会给彼此留下足够的生活空间。观察者习惯了独处，并且习惯在独处中解决自己的问题，他们不喜欢别人干涉自己的生活。所以，不要强制要求观察者说出自己所有的秘密，要求彼此之间一定要透明，理解对方有保留隐私的权利，并且尽可能地维护彼此之间的和谐与默契。

最后，尝试让生活多些乐趣。观察者是一个缺乏乐趣的人，虽然他们在尽力克服，可是他们的身上本来就很缺乏乐趣。这个时候，就需要一个细致和耐心的伴侣，多为对方花点心思，尝试一些有趣的游戏和运动，增进彼此间的感情。

让“心”晒晒太阳——观察者心理调适

躲在自己内心世界里的观察者会成为一个出色的学者，尽管他们研究的领域晦涩难懂，但却是非常重要的。观察者一般都是某些领域的佼佼者或者是周围人的活字典，他们会有自己的代表作品，这部作品浓缩了他们毕生的研究精华。

但是，观察者却不善于在公开场合与人打交道，销售方面的工作、有关公共政策的讨论、慷慨激昂的演讲，对观察者来说都是极其折磨人的事情。

对于观察者来说，不管有没有人支持，他们都会从事自己感兴趣的事情，他们的意志一般不会被周围的人所动摇。这也成就了观察者能在面临压力的环境下，依旧保持冷静的头脑和清晰的思维。

观察者的朋友不多，但却可以保持终生。观察者对朋友的要求很简单，就是不干涉自己的独立，观察者会通过大量非语言的形式向朋友表达自己的情感，同时，他们也非常关注朋友对他抽象的、非语言的表达。

观察者身上表现出来的强迫性的不参与、不联系和不受控制，往往会让他们觉得自己高人一等，认为自己是无欲无求的圣人。但是实际上，观察者并没有因为自己所拥有的而感到满足，因此他们也常常陷入矛盾之中。

作为一个观察者

当你需要做决定前，请你明确地告知周围的人，你需要时间来思考和做决定，这段时间请他们不要来打扰你。

当周围的朋友说你没有感觉和感情时，请告诉他们，你并不是没有感觉和感情，而是你的表达有困难，你需要时间来组织和完善自己的表达。

当你需要某个东西的时候，就明确地告知对方你的需求，越是退缩，越会诱发你想要这种东西的渴望，你的内心也就越发不平衡。

当需要集体讨论一件事情的时候，你需要提前告知大家明确的讨论时间，这样别人就不会觉得你想搪塞、推迟。

当你觉得周围的人对你说话带有命令的意味，就告知对方你感觉到的冲击，别人也许不是有意要这样的，你也能在心理上得到释然。

当别人和你交流的时候，试图对他们的话语和感觉做出回应，这样别人就不会觉得自己被拒绝和被打发。

作为一个与观察者交往的人

如果对方在语言或者感觉上有退缩或者反应迟钝，请别放在心上，切记他们在表达自己方面有一定的困难。

如果你有很重要的事情要和他们讨论，请务必提前告知他们，他们需要在心理上做好准备。

如果可能的话，请尽可能给他们单独做决定的时间和条件。

当你要向观察者陈述一件事情的时候，请选择直接而实际的方式，这样会让观察者感到舒服和真实，否则他们就会特别厌烦。

观察者对你非语言形式的表达非常敏感，所以在和他们交流的过程中，一定要注意自己的面部表情和肢体语言。如果你表现出了不感兴趣或者具有威胁性的样子，他们就会退缩。

观察者自我封锁得很严密，一般不会轻易让别人涉足自己的内心世界，也不会涉足别人的内心。所以，要尊重他们的界限，不要太依赖于观察者。

不要对观察者的能力过度赞美，让他们自行处理某些事情，就是你对他们极大的信任。他们的能力也不需要外界的肯定。

当你要求观察者做一件事情的时候，你的表达应当是一种请求，而非要求。观察者最讨厌别人要求自己做什么，但愿意主动帮助别人做些什么。

当观察者表现得傲慢、疏离或者容易被激怒的时候，你要知道，此刻他们感到非常不舒服，你应该反思自己的话语或者行为。

心理专家给观察者的建议

作为观察者的典型症状包括：他们对社会关系感到困难，会因为失去了他们依赖的某个人或者事物而感到痛苦，也会害怕自己的自由受到了限制。对观察者来说，最需要学会的是容忍自己的感情，而不是逃避自己的感情。他们可以通过下列的方式来帮助自己：

第一，不要让自己的真实情感被理性的分析所取代。一旦有什么样的情绪和情感，尝试将它们发泄和表达出来，而不是理性地分析自己的这种情绪和情感是否合理。

第二，学会和别人分享自己的重要成果。当坚持完成某一重要的项目和成果时，尝试将这个项目和成果公之于众，让周围的人了解它。

第三，学会接受身边的突发事件。并不是每件事情都需要经过深思熟虑才能做出决定的，要尝试去冒险、去求助，让自己私下的梦想变成现实，而不是只局限于想象。

第四，要注意当别人期待自己的回应时，自己有所保留的欲望。

这种时候应该提醒自己，我是怎么想的就怎么说，不要压抑自己的想法和情感。

第五，对比自己一个人和与周围人相处时候的感觉。当与他人在一起的时候，自己用心感受此刻的感觉，再回想一个人的时候，自己是怎样的表现，然后找出两种感觉的差异。

第六，要学会对生活中的简单事物提出质疑。当对实际生活中的某个东西感到不解时，不妨找周围人商量和讨论，以此培养自己的生活能力。

另外，观察者在改变自己的过程中，一定要注意避免以下几种行为：

其一，难以向别人展现自己。每当说到自我暴露的话语就会自行过滤掉。

其二，过于自负，不依赖他人。每当需要别人帮助的时候就逞强，有“没有你，我也可以”的错误信念。

其三，用思想取代现实。不断巩固自己孤独者的立场，不去面对实际，总是幻想不切实际的生活。

其四，相信自己不是感情用事的人，用理性掌控周围的一切。一旦生气，就立马告诫自己：“我怎么能生气，生气是愚蠢的行为。”

其五，不愿意和别人分享。认为承诺是一件令人疲惫的事情，不愿意做出承诺，也不希望别人给自己承诺。

第七章

生性多疑，谨小慎微
——怀疑论者

迟疑和犹豫是怀疑论者的显著特征。他们注重承诺，对待身边的人既想保持亲密关系，又想保持独立。职场中的他们喜欢制度严明和构架清晰的环境，重承诺，很谨慎。他们一般会从婚姻中得到安全感，对待爱情很专一，在婚恋中只付出而不求回报。怀疑论者要注意停止对他人的观察，不要试图划清自己和别人的界限，要学会和自己的朋友和亲人保持联系。

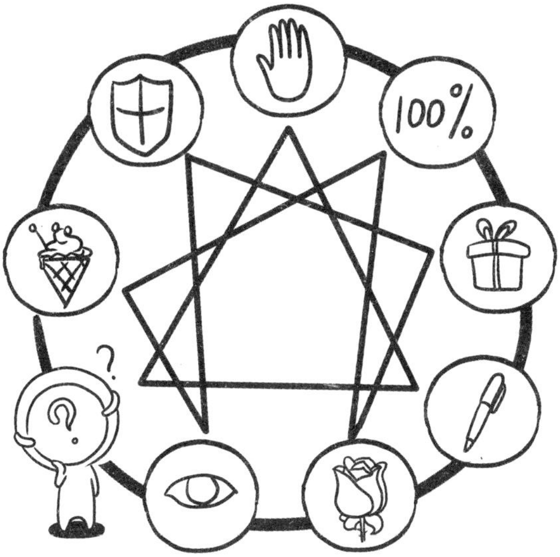

无法摆脱的不安全感——怀疑论者

以下是怀疑论者对自己的一段描述：

我每天会想许多问题，常常做一些对可能出现的危险的设想，尽管我知道想这些并没有什么用，但我还是无法抑制地去想象。我经常处于非常矛盾的状态，也常常感到特别没有安全感。

我很羡慕那些会玩、会吃的人，他们把钱花在了自己真正喜欢的东西上面。可是我不知道怎么来分配我的钱，我总觉得钱要花在更有价值的地方，可却不知道有价值的地方在哪儿。当我有了钱，我常常会为如何分配手里的钱而左右为难。

我要一直到很晚才会结婚，在这之前，我会想许多将要面临的问题，比如如何承担起做丈夫的责任？如何处理好家庭的关系？每次一想到这些，我都觉得自己还没有准备好，所以，直到拖到无法再拖的地步，我才会选择结婚。

在工作中，我喜欢那种有明确指示和标准的工作，那些流程很模糊、没有明确目标的工作会让我无从下手。因为我觉得一旦我做错了，我将会被所有人抛弃，我害怕被人抛弃，所以我宁可选择不做。在创业和打工之间，我会选择打工，因为我自认是一个值得信赖的人，会不折不扣地完成老板交给我的任务，并且我喜欢一成不变的工作环境，没有意外情况的话，我会在一个单位工作到退休。

我为人谨慎，考虑得比较周到。就拿每次出差来说，我都会选择坐火车而不是飞机，因为我认为火车比飞机更加安全。每次坐电梯，我也会左右看看安全出口在哪里，因为万一有特殊情况，我必须第一时间找到安全出口。

我跟朋友的关系保持得很长久，我认为人的一生必须有几个特别要好的朋友，我很信任这几个朋友，我相信他们对我也是一样的。

从以上这段描述中，我们可以看出怀疑论者的如下心理特点：

怀疑论者想得比较多，在做每件事情的时候，他们都要怀疑，因而会拖延事情的完成，别人一天能完成的事情，怀疑论者经过怀疑、猜测、判断、再行动，可能需要花费好几天才能完成。

比如，你让怀疑论者帮你买一个东西，但没具体说这个东西的牌子。这就会让怀疑论者感到特别为难，他们会想买某种牌子可能带来的影响，然后一一排除各种牌子，到最后，你已经等得不耐烦了，他还没有买到这个东西。

怀疑论者是依靠团体支援而活着的人，他们无法靠自己而活着，一旦脱离团体，他们便会感到焦虑不安。怀疑论者的这个特点和观察者有着本质的区别，观察者不需要别人和团体，团体的介入会让他们感到不舒服，但是怀疑论者如果没有团体反而会不舒服，他们喜欢团体对自己的引导和支援。

怀疑论者特别注重自己的承诺，一旦答应别人的事情，不管如何艰难，也一定会完成。这可能和怀疑论者本身的不安全感有关系，怀疑论者害怕自己没有达到别人的期望，别人会因此而抛弃自己，所以他必须通过完成对别人的承诺来证明自己。

在单位，怀疑论者是一个很好的执行者，只要领导交给他们一项任务，怀疑论者会马上执行，从来不会质疑领导的决策。这种人最受领导的喜欢，但有时也会因为太信赖领导，而缺乏自己的主见和创新。怀疑论者只适合当打工者，而不适合当领导，领导的失误会让他们有不安全感，但是以打工者的身份却会一直处于安全的氛围中。

怀疑论者不容易和别人建立关系，但是一旦建立，又会很深入，怀疑论者会始终将对方放在比较重要的位置上。

比如，怀疑论者和实干者因为在一个单位共同工作而成为朋友，过了不久，实干者因为谋求到了更好的工作而到了另一家公司。十几天没有见到实干者，怀疑论者就会给对方打电话，嘘寒问暖地问问他适应了没有。

这个时候，实干者一定会在心里嘀咕：他肯定是有事求我，绝不会这么简单地问候几句。可是直到电话打完，怀疑论者也没有说什么事情。这时候实干者还是会自我安慰，可能这次不好意思说，下次一定会说。过了一段时间，怀疑论者又给实干者打电话问候了，依旧什么也没有说，这时候实干者的疑惑就更大了。

其实，怀疑论者给实干者打电话，就是纯粹的朋友之间的问候，他只是想巩固朋友之间的友情，不像实干者所想的那样，是出于利益的需要。实干者自己办每件事的目的性都非常强，他们从来不会白做一件事情。

怀疑论者的口头禅是“等等”“让我再想想”“慢着”等，迟疑和犹豫不决是怀疑论者的显著特征。他们非常缺乏冒险的精神，什么事情都希望做到十拿九稳，只要稍微有一点风险，他们都会迟疑不前。所以，投资和炒股这些行业对他们来说，都是非常不适合的。

例如，有一个典型的怀疑论者，不幸从事了炒股行业，每天帮客户看每只股的涨跌，让他产生了严重的焦虑和恐惧感。他每次盯着股票时，就会想很多，要是这只股票赚了，那当然是好事；要是这只股票赔了，那么客户会怎么看待自己，老板会不会因此而迁怒于自己，这份工作要是保不住该怎么办等。最终，因为顶不住巨大的压力，他选择了辞职。

怀疑论者的防卫心理特别强烈，对待身边的亲人和朋友，他们既想保持亲密的关系，又想保持自己的独立，经常会陷入比较矛盾的状态。因为他的防卫心比较强，周围的人很难走入他的内心，但是一旦走入了，又会是非常好的朋友。

怀疑论者有先见之明，会未雨绸缪很多事情，一般人不会想到几十年之后的事情，但是怀疑论者会将失业、生病、年老之后的事情都考虑到。有时也会因为考虑得比较多，而常常处于担忧和恐惧之中。

盲目的怀疑论者——曹操

说起曹操，让大家印象深刻的，除了曹操是一代霸主之外，还有就是曹操谨小慎微和生性多疑的性格。曹操的这种性格就是典型的怀疑论者性格。

怀疑论者最典型的特征就是对还未出现的危险和困境做出提前的设想，他们缺乏安全感，凡事都会提前做准备。他们通常都不会等到问题出现再去解决，而是会将问题消灭在萌芽状态。

从这个角度来分析曹操，我们会发现类似于这样的事情在曹操身上发生得太多了。现在选一两件大家比较熟悉的事情来解读曹操的怀疑论者人格。

曹操在刺杀董卓未遂之后，被董卓追杀。曹操骑着一匹马仓皇逃跑，在逃跑的途中，他先是在中牟县被抓，但是因为当时的县官陈宫很仰慕曹操，就私自放了曹操，并决定放弃自己的官职，追随曹操。在穷途末路之际，曹操忽然想起来自己父亲的朋友——吕伯奢。

于是，曹操带着投奔自己的友人陈宫准备投奔吕伯奢。吕伯奢看到远道而来的曹操非常高兴，他当时已经知道曹操刺杀了董卓，但吕伯奢相信曹操做的事情是一件利民利国的正义之举，因此他并没有揭发曹操，反而告知全家上下，一定要好好招待远道而来的贵宾——曹操。

安排疲惫的曹操和陈宫睡下之后，吕伯奢就和家人张罗着杀猪宰羊来招待他们。由于家里没有酒，吕伯奢亲自出去买酒了，他的两个儿子在外面磨刀，准备杀猪。可是精神高度紧张的曹操哪里有心思睡觉，他的一对耳朵高高竖起来，屏着气，仔细观察外面的一举一动。这个时候，曹操正巧听见了磨刀的“霍霍声”和“捆起来”“两个人一起上”。

生性多疑的曹操觉得这一定是吕伯奢的家人见钱眼开，想绑了自己交给官府。他二话没说，叫醒身边的陈宫，将正在磨刀的吕伯奢的两个儿子杀死，之后，他们还没有解气，又接连将吕伯奢全家上下都杀了，连小孩也没有放过。

杀完之后，曹操和陈宫才看到了被捆起来的猪，他们意识到自己误会了吕伯奢一家，人家不但没有要告发他们的意思，还准备好好招待他们。看到这一切，陈宫追悔莫及，后悔自己不该冲动行事，但是曹操却丝毫没有后悔的意思。他冷静下来之后，就和陈宫上马离开了。在半路上，曹操又杀掉了买酒回来的吕伯奢。在陈宫震惊的目光之下，曹操说出了那句让天下豪杰感到无比寒心的话，即“宁可我负天下人，也不能让天下人负我”。

看到如此残暴不仁又生性多疑的曹操，友人陈宫说道：“如果之前是因为误会而杀人，那么现在明知是自己的恩人还要杀，那就是不仁不义了！”一气之下，他选择离曹操而去，他不想追随一个如此多疑又自私的人。但这就是曹操的本性，他宁可错杀一千，也不会放过一个，这正是怀疑论者所具备的特质。

还有一个有关曹操生性多疑的事例：曹操常常害怕身边的人会加害于他，于是，曹操告知身边的侍从说："我这个人经常会在睡梦中杀人，所以在我睡着的时候，你们都不要到我跟前来。"侍卫们都点头称是。

然而有一天，曹操白天在帐子里睡觉，在他翻身的时候不小心将被子弄到了地上，一旁的侍者看到了，准备捡起地上的被子盖在曹操的身上。这个时候，曹操忽然一跃而起，举起剑就杀了这个侍者。

身边的人看到被杀的侍者都吓傻了，再也没有人敢靠近曹操了，甚至连被杀的这个侍者的尸体都不敢处理。第二天早上，曹操睡醒了，看到床前血肉模糊的尸体和自己身上的血迹，大惊道："这是怎么回事，我睡觉的时候到底发生了什么？"当周围的人战战兢兢地告知其真相之后，曹操懊悔不已，下令厚葬了这个侍者。从此之后，曹操在梦中杀人的事情众所周知，再也没有人敢在曹操睡着的时候走近他了。

这件事情在所有人看来都是不可思议的，但是只有曹操身边的杨修明白这是怎么回事。他说："并非曹操在梦里，而是众人在梦里啊！"杨修也正是因为这句话而断送了自己的性命。但同时，从杨修的这句话中，也向我们证明了曹操是一个典型的怀疑论者，对身边的一切事情都会质疑，他不会轻易相信别人的结论，而是要通过自己的不断怀疑去验证。

在现实生活中，我们经常可以看到类似于曹操这种类型的人，他们总是疑神疑鬼的样子，如有人喜欢翻阅别人的手机，窥探别人的隐私；身边的人不管说什么，怀疑论者都不会相信，认为他们别有用心；哪怕是听到一堆人在低声议论，怀疑论者也会怀疑别人是不是在议论自己。

由此可见，怀疑论者就像一台红外线扫描仪，他们总是通过自己锐利的目光检查别人的内心，看别人的内心到底在想什么，看他们到底具有怎样的企图和目的，看他们对自己是否有害等。正是因为这种先入为主的观念，使得猜疑者越猜就越疑惑，越疑惑就会越发起劲儿地猜，因此，常常会干错事。

对一代霸主曹操来说，尽管他足智多谋和有野心，但是正因为他喜欢猜疑的性格和不信任身边人的做法，给他带来了无法挽回的损失。也许，正是因为曹操是一代霸主，他深知斗争你死我活的残酷性，所以不管做什么事情，他都要小心翼翼。曹操的性格体现了政坛钩心斗角的险恶环境。

作为历史上最多疑和善于猜忌的霸主，曹操是一个不折不扣的怀疑论者。

值得信赖的同事——职场中的怀疑论者

当怀疑论者处于竞争激烈的职场时，他们会怎么做呢？本节将为你揭露职场中的怀疑论者。

怀疑论型职场者的特点

第一，职场中的怀疑论者经常会焦虑重重，工作中稍微出现一点问题，他们就会坐立不安，显得忧虑和烦躁，口中会不断说着："怎么办？怎么办？"

第二，职场中的怀疑论者喜欢制度严明和构架清晰的工作环境。一旦周围的环境比较混沌，如公司突然来了两个领导，职场中的怀疑论者就会不知道怎么办，不知道该向哪个领导请示和汇报。

第三，职场中的怀疑论者很重承诺，答应同事的事情一定会办到。如果同单位的同事临时有事，他们一定会找怀疑论者来帮助自己。因为怀疑论者办事有始有终，只要答应对方，就一定会想办法办到。

第四，职场中的怀疑论者在工作中很谨慎，他们能发现工作中细微的漏洞，如果将他们放在质检和最后完善的环节，怀疑论者一定能发挥自己的作用，将工作做得尽善尽美。

第五，职场中怀疑论者不适合自己创业，他们觉得创业的风险太大，经常会患得患失。他们更喜欢给别人打工，打工的环境会让他们感到安全，并且他们不会经常跳槽，能在一个工作环境下安心工作，直到自己退休。

第六，职场中的怀疑论者对人性比较质疑。比如，在一个团体中，你们已经合作了很多次，他们依然不会完全信任你。当再一次合作时，怀疑论者依然会对你的能力等问题产生怀疑。

职场中怀疑论者的案例

一

她毕业于某名牌大学的播音主持系，毕业之后，在家人的安排之下，进入了当地的新闻媒体行业。

刚进单位，因为她长相可人、声音甜美，台长准备让她挑大梁，主持新闻节目。一听这个消息，家人都十分惊喜，刚来的新人就被台长这么看重，以后前途无量啊！可她却紧张和焦虑得不得了，口口声声说自己虽然外在形象好，但是实践的机会少，很难挑起大梁。

后来在大家的劝说和安慰下，她才慢慢地好起来，单位的前辈也将自己的主持经验传授给她，她开始慢慢胜任自己的工作，由当初的紧张和不安，渐渐转化为平和和镇静了。主持的节目越来越受观众喜欢，台长也越来越器重她。

就在这时，台长忽然生病了。住院期间，台长安排她来管理单位的事情。这下，她彻底慌了神儿，觉得自己根本没有这个能力。于是，第一天她故意迟到，第二天又请病假，总之，找一切借口拒绝处理单位的事情。

单位实在没有办法，只好找其他人来管理。这时，她才又高高兴兴地来上班了。

对别人来说，升职、加薪是一件好事，可是对于怀疑论者来说，这未必是件好事。当领导要管理大家，会让怀疑论者感到不安和焦虑，他们觉得周围有太多的不安定因素，需要考虑的问题太多太多，不安全感很强烈。所以，一般怀疑论者就想在自己的职位上安安稳稳一辈子，不想当领导。

二

老王妻子性格谨小慎微，做事比较踏实，跟同事们相处得也非常融洽。平时，大家都没看出她有什么与众不同的地方。可是，就在厂子的生死关头，在大家的饭碗可能保不住的时候，老王妻子的表现令所有人刮目相看。

她所在的厂子是七八十年代的老纺织厂，随着科技的迅速发展，这些老厂子慢慢跟不上时代的节奏，很多都面临着破产。老王妻子所在的厂子也不例外，听说最近厂里的领导正在筹备着员工下岗的事情。

这个消息一传出，老王妻子单位的同事们都开始为自己打算了，他们有的托人找关系，希望能继续留在厂里；有的开始偷偷拿厂里的东西，希望能在最后几个月狠狠地捞一笔，以后想拿也没有机会了；可只有老王的妻子按兵不动。

不是老王的妻子不在乎这份工作，她的家里也不富裕，眼下还有两个正在上大学的儿子，都等着用钱呢！可是，老王的妻子能想到大伙的利益，她知道大伙家里都不富裕，谁下岗对家庭来说都是一个灾难。所以，老王的妻子多次组织工人去厂长的办公室协调这件事情。

多次协商之后，老王妻子和大伙的努力终于有了结果。为了让大伙都有口饭吃，厂长同意了大型企业的收购计划，但要求收购的单位同意收购后依旧雇用原厂的工人，大家继续上班。听到这个消息，大家由衷地感谢老王妻子的付出。

在上面的案例中，老王妻子就是一个典型的怀疑论者。当面临选择的时候，老王妻子能想到大家的利益，为了大家的利益，她努力争取，并最终赢得了胜利。

读懂职场中的怀疑论者

首先，职场中的怀疑论者在自己完成工作时总会前后犹豫，停滞不前，作为领导和同事，你们要帮助他克服内心的困扰，并且帮助他一起制订工作计划。等工作计划清晰、有条理的时候，就可以放心交给怀疑论者去做了。

其次，职场中的怀疑论者是一个值得信赖的好下属和好同事。当你将一件很明确的事情交到他们的手上时，他们会尽自己的能力完成，绝不会做不好或者不去做。一般公司里最值得信赖的人就是怀疑论者。

再次，职场中的怀疑论者很会为公司和同事的利益着想，他不会像实干者那样做每件事情都是有目的的，都是为自己打算的。相反，怀疑论者首先会考虑公司和同事的利益，最后才想到自己，他们是领导绝对信赖的下属，同事绝对信赖的伙伴。

最后，职场中的怀疑论者要求自己的工作明确和唯一。每次在安排他们工作的时候，不要同时安排几件事情，这样会让他们左右为难，不知道该干哪一件，该从哪里下手。最好一件事情一件事情地安排，直到他们处理得当，再安排下一件事情。

从婚姻中获得安全感——婚恋中的怀疑论者

当怀疑论者处于恋爱和婚姻时，他们是否也会犹豫不前，也会没有安全感？这节将为你讨论恋爱和婚姻中的怀疑论者。

怀疑论型伴侣的特点

第一，怀疑论型伴侣在恋爱和婚姻中喜欢扮演给予者的角色，这种给予是只付出而不需要回报的，他们只想让自己感到安全。

第二，怀疑论型伴侣对待爱情很专一，虽然他们的爱情属于平平淡淡的那种，但他们绝不会背叛自己的爱情。一旦两个人的婚姻出现裂痕，怀疑论者就会想方设法地补救。在两个人出现矛盾时，怀疑论者会将对方的利益放在首位。

第三，怀疑论型伴侣经常问自己："他还爱我吗？""他是值得我信任的吗？"这是因为他们缺乏安全感所致。这个时候，伴侣就要向他重申自己对怀疑论者的忠实和爱，让他重新充满安全感。

第四，怀疑论型伴侣一般会从婚姻中得到安全感。如果家里人给够怀疑论者安全感，他们普遍结婚较晚。可是，如果家里人给不了怀疑论者足够的安全感，怀疑论者就会较早结婚，企图通过婚姻得到安全感。

第五，怀疑论型伴侣不善于精心打扮自己，对设计自己的公众形象也没有什么兴趣，在伴侣和亲人的面前更会展现真实的自己。

怀疑论型伴侣的案例

一

一位女性回忆起自己恋爱的经历时，感慨地说：“在外人看来，我是一个在工作上不达目的誓不罢休的人，尤其是别人交给我的工作，我一定会尽心尽力地完成。可是，在爱情上，我却是扭扭捏捏地不敢靠前。”

这位女士的情况确实如此。在爱情上，这位女士只是尽心地为对方付出，她前后交过四个男朋友，每个男朋友都是不到半年就和她分手了。问起每个男朋友对她的印象，他们无一不说她是一个让人感到很有压力的女人，跟她在一起，她会事无巨细地关心生活中的所有小事，就像妈一样，让人无法呼吸。

后来，好不容易结婚了。这位女士又是一个不太注重自己形象的人，除了正儿八经上班化化妆之外，其他时间就是一身休闲的装扮，在家里更是会穿着睡衣待上一天。看到她这个样子，老公每次出席一些重要场合也不会带着她。虽然一直对她说要注重自己的打扮，但是这位女士依旧没有任何改变。

这位女士就是一个典型的怀疑论型伴侣。她在恋爱和婚姻中一直扮演着给予者的角色，因此，之前的几位男朋友都会说和她在一起，就像和自己的妈在一起，有压力。同时，在婚姻中，怀疑论型伴侣也不太注重自己的外表。

二

小亮和莉莉是令人美慕的一对恋人。他们虽然已经结婚六年了，但是依旧和当初谈恋爱的时候一样恩爱，出来进去都是成双成对的。那么，是什么让两个人的感情一直恩爱如初呢？有以下三个因素：

第一个因素，他们会及时沟通和交流，对两个人感情中出现的问题及时进行补救。尤其是莉莉，她是一个典型的怀疑论者。一旦两个人之间有矛盾，她绝不会放到第二天，当天晚上就会解决。所以，两个人之间没有大的矛盾。

第二个因素，小亮的无限包容和理解。莉莉是一个患得患失的人，她既想依赖小亮，又想自己独立，经常对小亮若即若离。每每这个时候，小亮都知道是自己的妻子缺乏安全感，他会暂时放下自己手头的工作，抱着妻子一遍一遍地告诉她，他爱她，并且两个人的感情会一直好下去，直到莉莉相信自己。

第三个因素，他们会为对方考虑。不管做什么事情，小亮和莉莉首先考虑的都不是自己，而是对方。只要是让对方高兴的事情，他们就会去做；同样，只要这件事情让对方不高兴，他们绝不会做。比如，莉莉下班回来想看自己喜欢的言情剧，可是她看见小亮已经在看自己喜欢的球赛了，莉莉就会想："老公上了一天班了，真辛苦，就让他好好看看球赛，放松一下吧！我的言情剧什么时候都可以看。"

小亮和莉莉的幸福生活也和莉莉的怀疑论者人格分不开。在她和小亮的相处中，我们发现，莉莉能及时处理两个人之间出现的矛盾，能在两个人有矛盾时，站在小亮的角度上思考问题。因而，使两个人的感情一直恩爱如初。

读懂婚恋中的怀疑论型伴侣

读懂婚恋中的怀疑论型伴侣，你就会发现，自己的恋爱和婚姻也会幸福无比。

首先，怀疑论型伴侣天生缺乏安全感，因此他们会缠着自己的伴侣问，你到底还爱不爱我？我对你还重不重要？所以，这个时候，伴侣要有足够的耐心和精力，要明白自己的伴侣是一个什么样的人，虽然他们患得患失，但是他们对爱情绝对专一和忠诚。

其次，怀疑论者是天生的给予者。他们不断满足别人的要求并帮助别人做生活中的琐事，这并不是有什么目的，而是为了消除自己的不安全感。跟这样的人在一起，会让人感到很有压力，但是你要理解怀疑论者的不安全感。同时，作为怀疑论者，你要学会试着控制自己的行为，不要让自己过多地卷入别人的生活。

再次，和怀疑论者最匹配的伴侣是领导主义者。怀疑论者不适合当领导，他们习惯别人安排自己的生活，自己只管去做。而领导主义者是一个典型的权威主义者，他们喜欢向别人发号施令，让别人听从自己的安排。与此同时，怀疑论者和领导主义者有许多的共同之处。所以，他们两个人的结合可以说是最幸福的一对。

最后，怀疑论者将自己的婚姻看得很重，他们是企图从婚姻中获取安全感的人。所以怀疑论者对伴侣的要求也很高，他们希望伴侣和自己一样，也对感情绝对的忠实。一旦遭受伴侣的背叛，想要重新获得他们的信任，也是极其困难的。

暂停自己无谓的猜疑——怀疑论者心理调适

怀疑论者喜欢等级分明的环境，他们将权力和责任都分得一清二楚。对怀疑论者来说，从事警务方面的工作和继续在大学攻读研究生课程都是不错的选择。一个处于权威地位的怀疑论者，要么会完全按照规章制度办事，要么会站在反对权威的立场上，组织大家反对现有的规章制度。怀疑论者也不喜欢受人控制，他们一般都是给自己干活。

对于那些有巨大的压力和需要当场就做出决定的工作，会让怀疑论者感到头疼。他们随心所欲，也不希望和其他人竞争。怀疑论者不追求即刻的成功，有的时候为了履行自己对他人的责任和义务，他们愿意做出大量的自我牺牲。在有同伴支持和鼓励的情况下，怀疑论者往往会尝试冒险挑战权威。

怀疑论者将制定决策的大半时间都花在了怀疑上，一旦他们有了一个很好的主意，就会想“这个主意很好，但是……”怀疑论者总是想方设法让自己的主意变得更加完美，将各种可能出现的风险和错误通通排除掉。他们一般会很认真地提出一个想法，但是又会用同样认真的态度反对这个想法。

如果怀疑论者处于学术研究的领域，正确的怀疑往往可以让科学更加精准，让程序更加明确。但是，过于坚持怀疑的人往往会忽略自己内心最真实的感受，绝大多数的时候，成功的希望会被不必要的担忧所消灭。

对于怀疑论者来说，足够的勇气对自己的行动是至关重要的。让自己的身体能够在不思考的状态下自如地活动，是怀疑论者需要修炼的。

作为一个怀疑论者

当你对某件事情有所怀疑时，先请教周围其他人的看法，再用这些想法探索事情的真相，弄清楚事情的真正缘由。

当你感觉有某种不好的事情要发生时，先仔细思考致使你这么想的事情是什么，然后再问问别人的想法和感觉。

当你做了一件别人不理解的事情时，记得告知别人你目前的感受，别人可能没有领会你做事情的动机是什么，你要用行动让别人了解。

对于自己周围的人要经常接触，尤其是那些你认为值得交往的人，经常地接触会证明你对对方的友谊以及可信赖程度。

当你对别人承诺一件事情的时候，一定要再次告知对方，尽管你的表情还是一副犹豫不决的样子，但是只要你承诺了，你就一定会办到。因为你的怀疑性格在别人眼中是不可信赖的，其实你是在想做这些事情可能采用的方法。

当别人正在和你交谈，你支配着整个对话的过程，不妨问问此刻对方的感觉，你自己的感觉也要大声地说出来。

作为一个与怀疑论者交往的人

一定要记住，他们有一颗怀疑的心，你的赞美和恭维会让他们有一种难以置信的表情，但请别将它放在心上，他们天生难以信任别人。

认真倾听他们的话，并且明确告知对方你已经明白了他们要表达的意思。要不然他们很难信任你，不会轻易地说出自己的想法。

说话内容要精确和实际，因为他们很喜欢从你的话中揣摩隐藏在背后的动机和意义。

要表达对他们的喜欢和爱，可以选择一种平静的方式，这样会让他们确信你的喜欢和爱。当你的言行合一时，你们之间的信任便会产生。

可以适当地请他们表达自己的想法，如在谈话中，你可以发问：有什么事情困扰你吗？你对自己目前的处境有什么看法？这些发问都可以帮助他们踏实下来。

不要当面评论或者批评他们所恐惧的事情，经常表现出自己幽默的一面，并且鼓励对方也使用幽默，看问题要从好的一面开始。

心理专家给怀疑论者的建议

怀疑论者在行动上会有很多种表现形式，但是最集中的表现是无法让事情善始善终，在事情即将成功的时候，总是会给自己寻找放弃的借口，他们将这些问题归结于自己害怕掌握权力。怀疑论者需要他人的帮助，才能将注意力转移到积极正面的目标上，而不是单纯地被怀疑包围。

同时，怀疑论者需要脚踏实地，一步步接近自己的目标，而不是采取鲁莽的错误方式来掩饰内心的恐惧。不要让过去的负面经历和情绪影响了自己。怀疑论者可以通过下列方式帮助自己。

第一，将自己的畏惧放在现实里检验。把自己感到害怕的事情告诉一个值得信任的朋友，看看对方的反应和想法是什么，用事实和结果来检验自己的判断。

第二，留心自己试图从他人的语言和行为中寻找潜在意图的习惯。当留意到他人表现出敌意的时候，首先要反思自己有没有率先表现出进攻他人的倾向。

第三，不要试图划清自己和别人的界限。在和他人的交往中，不要一直追问别人的立场和强调自己的立场，这样很容易破坏彼此之间的信任。

第四，不要总是将别人看作没有能力或者是不值得信任的人，这样只能让别人离自己越来越远，自己的支持力量也就会越来越弱。

第五，要意识到自己总是会想起那些糟糕的事情和经历，学会提醒自己多去想那些值得纪念或者是快乐的回忆。

第六，要敢于承认自己的胆量不够，总是需要得到权威的认可之后才会行动。

第七，当别人对自己表达好意或者恭维的时候，不要试图怀疑别人的意图，要先礼貌地接受，然后再分析自身的情况与对方的评价是否相符。

第八，停止自己对他人的观察，不要过分强调他人总是要言行一致，在要求别人的时候，也要审视自己的行为。

第九，学会和自己的朋友和亲人保持联系，不要因为害怕而躲起来或者退出，不要认为是别人抛弃了自己。

第十，要学会利用自己的想象力。当自己的注意力总是集中在糟糕的结果时，要通过自己的想象力将这个糟糕的结果夸大，这样你就会发现现实并没有自己想象得这般糟。

第八章

追求欢乐，享受生活
——享乐主义者

享乐主义者积极乐观，对未来充满想象，就像一个长不大的孩子，不断地找寻快乐，擅长人际关系。职场中的他们喜欢多元化的环境，善于创新。在恋爱时，他们会制造很多惊喜给恋人，经常使用“承诺”这个法宝，但在行动上却没有真正做到。享乐主义者需要认识到自己对快乐的盲目追求，学会面对痛苦，不要让自己沉浸在表面的快乐中，而忽略了深层次的体验。

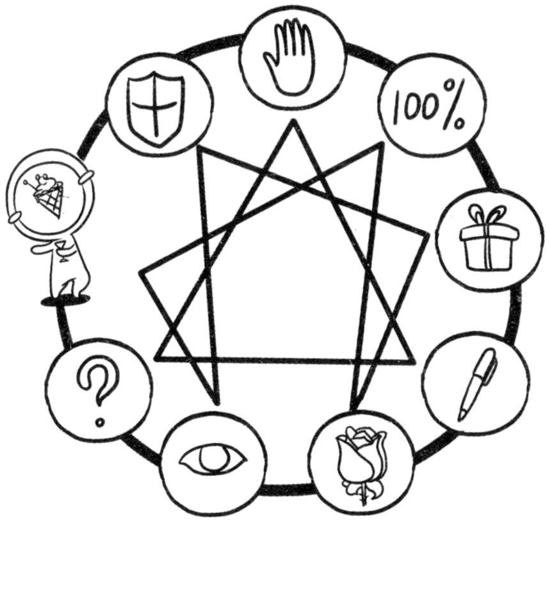

我要快乐不毕业——享乐主义者

以下是享乐主义者的一段自我描述：

从小我就活泼好动，喜欢追求令自己非常享受的事情。上学的时候，我是班里鬼点子最多的一个人，我经常将写有骂人话的纸条贴在同学的身上，或者在女生的椅子上点上老师用的红墨水，有时也会偷偷地去摸我们一个秃顶老师的头。我做这一切，就是为了自己开心，为了周围人开心。身边的朋友都说，我走到哪里，哪里就会有笑声。

参加工作之后，因为我做的是我感兴趣的广告工作，所以一切都很得心应手，我会想出很多非常好的创意，一般这些创意都会被老板采纳，老板认为我是一个特别有天赋的人，准备重点培养我。身边朋友如果有策划和设计的工作，也会找我来帮忙，我会给他们出一些主意，一般都会被他们采纳。

我的缺点是经常随口答应别人的事情，但是等别人要结果时，我往往还没有做,身边的人都说我缺乏责任感。随便他们怎么说吧！我自己开心就好了。

刚恋爱的时候，我和我的老婆商量不要孩子，我们要做“丁克”一族，这可是时下比较潮流的。在我们看来，孩子就是一种累赘，我们可不想自找麻烦。但是结婚之后，我们发现，没有小孩似乎缺少了点儿乐趣，每次看到别人家可爱的孩子，我心里都痒痒的。最后，我又决定要孩子了，不仅要孩子，而且要两个，这样多热闹啊！

工作之余，我是一个名副其实的吃货。只要我闲着，我就会找遍大街小巷每处好吃的、好玩的地方。在这个城市，基本没有我没吃过和玩过的地方。如果朋友们要出去吃饭和玩乐，都会打电话给我，让我帮他们挑地儿。

以上就是享乐主义者的一段自我描述，通过这个自我描述，我们可以看出，享乐主义者具有如下特质：

享乐主义者性格积极乐观，对未来充满好奇和想象，是一个喜欢享受生活的人。享乐主义者就像一个长不大的孩子，试图不断地从现实生活中发现快乐，如果没有，他们会人为地制造快乐。总之，跟享乐主义者在一起，你一点都不会感到无聊，他们会不断地给你制造惊喜和欢乐。

享乐主义者非常自恋，他们总是坚信自己是最优秀的，他们喜欢冒险，并且对每件事情的结果都充满着美好的期待。不论到什么时候，他们总能让自己保持积极乐观的态度。

比如，享乐主义者在查自己的大学英语四级考试分数时，发现自己离过线还差几分，这时他们的第一个想法会是看错了，紧接着再查一遍；第二个想法“是不是把别人的成绩看成自己的了”，又对照一下自己的名字；第三个想法是会不会有和自己重名的人，再仔细看一下自己的考号；等真正确认了成绩之后，享乐主义者还是会乐观地想，会不会因为今年的考卷太难，分数线会降一点啊！总之，他们会做出一切对自己有利的假想。

享乐主义者最基本的欲望就是吃喝玩乐，通过吃喝玩乐来满足自己。只要是享乐主义者看上的东西，他们一定会想方设法地得到，如果没有得到，享乐主义者就会产生攻击性，表现得非常愤怒。

比如，享乐主义者如果喜欢一个女孩，不管是死缠烂打还是威逼利诱，他们一定会将她追到手，他们的人生字典里没有“放弃”这个词。如果享乐主义者没有得到这个女孩，他可能会做一些对双方都具有破坏性的事情。

享乐主义者非常具有幽默细胞，喜欢拿别人开玩笑，有时候甚至会不分场合，弄得对方很生气。

享乐主义者见识比较广，对很多东西都了解一二，但是这些知识都是皮毛，没有很深入的见解。他们喜欢以自我为中心，在人群中，他们总希望自己能成为焦点，每个人都能听自己说话，当被别人抢了风头的时候，他们心里会非常不爽。

享乐主义者是百分之百的物质主义者，关于身边的吃喝玩乐，没有享乐主义者不知道的，他可以当朋友的活地图，只要你告诉他自己的口味，他就会将你领到绝对满意的地方。享乐主义者很少和别人探讨精神层面上的东西，如果探讨，那也是因为潮流和时尚。

享乐主义者是极其富有灵感的一个人，创意和设计类的工作都很适合他们。一旦他们感兴趣，将会设计出非常完美的东西。

享乐主义者很擅长人际关系，很容易与周围人打成一片。他们就像外交专家，不管是哪一类型的人，只要碰到享乐主义者，都能聊到一起。

比如，一群人在讨论时，享乐主义者到了，他会立马挤进人群，开始和每个人打招呼,不管认识不认识,享乐主义者都会“帅哥”“美女”地叫着。等周围的人离开后，享乐主义者才会问其他人，刚才那个人叫什么，具体是干什么工作的。

享乐主义者害怕空虚和无聊，所以他会将自己的时间安排得特别满，希望通过不断地做不同的事情，来满足自己对快乐的追求。

比如，享乐主义者下班之后绝不会直接回家，他们会约几个朋友出去玩，结束之后，如果时间还早，他们又会约另一拨朋友去做别的事情。实在约不到人，他们才会想到回家看电视或者陪自己的老婆。

享乐主义者干什么事情都是根据自己的喜好，只要自己喜欢，不管干什么都行，买东西也是如此。享乐主义者买东西不会考虑东西的价值和用途，只要自己喜欢，哪怕没用，他们也会买。这种做法和实干者恰好相反，实干者买任何东西都是抱着有目的的想法去买的，绝不做多余和浪费的事情。

同时，享乐主义者是一个靠不住的朋友，他们会经常在口头上承诺朋友事情，但是却很少在行为上实施。所以，要找享乐主义者办事的人，务必要想好可能的结果。这种做法又和观察者和怀疑论者恰好相反，交给观察者和怀疑论者的事情，他们都一定会尽自己最大的努力去办好。

吃喝玩乐的风流浪子——令狐冲

令狐冲是金庸小说《笑傲江湖》中塑造得最为成功的人物之一，也是最受读者欢迎的人物之一。这主要源于他身上的自由心态和人格魅力，那么这些都表现在哪些方面呢？

从对令狐冲的身世描述中，我们可以看出，令狐冲自幼无父无母，他是被自己的师父和师娘养大的，可是这并没有影响令狐冲的性格形成，他仍然表现出了极大的乐观和积极向上的心态。在众师兄师弟中，令狐冲鬼点子最多，脑袋瓜最灵活，只要大家犯了错误，第一个就会来找令狐冲想办法。

乐天和容易满足，以自己的意志为出发点是享乐主义者的典型特质，他们不管周围的世界是怎样的，只要自己快乐就好。当他们沉浸在自己的快乐中时，周围的事情和人物很难影响到他们。

长大之后的令狐冲，不像江湖上的其他人一样，从小就树立了要统一武林，为江湖除害的远大理想。作为大师兄的他没有任何以身作则的想法，依旧以玩耍和游戏的心态对待周围的人和事。他没有任何远大的志向和抱负，也不想成就任何伟大的事业，他每天要做的事情就是不断地喝酒，不断地大醉，不断地惹是生非，整个人都处于混沌的状态。

没有远大抱负和追求，也是享乐主义者典型的特质，他们从不会勉强自己做不喜欢的事情，一切都是以自己的意志和兴趣为转移。

也正是因为令狐冲无拘无束、自由散漫的性格，他屡屡犯错，经常被师父赶到“思过崖”反思自己的过错。可即便在思过崖，令狐冲也不安分，天天想着吃大鱼大肉和喝酒。这个时候，他的师弟会想方设法弄到他想吃的肉和想喝的酒。

从这一点上，我们可以看出令狐冲身上喜欢吃喝玩乐和善于处理人际关系的特质。享乐主义者天生就是一个吃喝玩乐的主，他们最大的乐趣就是不断发现和创造生活中的乐趣，同时，他们也善于处理自己和周围人的关系，不管是哪种人，享乐主义者都能跟其搞好关系。即使令狐冲是特别不靠谱的大师兄，可是他的师弟们都很喜欢他，不但能在小事上帮助他，还能为了他的事情和别人发生争执。

令狐冲善于处理人际关系的特质还表现在他竟然会和江湖大恶人田伯光在一起拼酒比剑，两个人还以兄弟相称。在当时那个正邪不两立的环境中，令狐冲这么做是极其出格的一件事情，这必将引来江湖上道貌岸然的所谓正义之士的不齿，尤其是令狐冲的师父（天下第一伪君子——岳不群）的深恶痛绝。

可是，这些并没有影响令狐冲要和田伯光结交兄弟的意志，在令狐冲看来，只要自己想做的事，别人都没有权利干涉，他就喜欢我行我素，不想为未来考虑太多，只要当下的自己是满足和快乐的就行。这种想法同样是享乐主义者的典型特质。

与此同时，令狐冲身上还有一个很典型的享乐主义者特质，就是他见多识广，虽然对很多事情都没有非常深入的了解，但是只要别人提起来，他都会略知一二。这个特质也为他结交广大朋友和头脑中不时冒出新鲜的主意奠定了基础。

善于创新和想办法，是享乐主义者身上的重要特质，需要创意和创新的事情交给他们去办，他们一定会交给你一份满意的答卷。

比如，当采花大盗田伯光抓住一个尼姑时，令狐冲会立马说出“一见尼姑，逢赌必输”，这才使得田伯光产生了放掉小尼姑的念头，接着，为了不让田伯光骚扰小尼姑，令狐冲就和田伯光玩起了“屁股不离开板凳”的比赛，尽管知道自己的武功不及田伯光，但是凭借他灵活的头脑，最终赢得了这场比赛，让田伯光输得心服口服。

令狐冲做的最离谱的事情莫过于他喜欢上了魔教教主的女儿任盈盈。作为魔教教主的女儿，任盈盈可谓见过各种各样的优秀男人，可是为什么她偏偏会被一个名不见经传的小人物令狐冲所吸引呢？归根结底，还是因为令狐冲身上的那种自由意识和享乐主义的精神。

在和任盈盈交往的初期，令狐冲是以玩耍和游戏的心态来面对的，他头脑灵活，能随机应变，并且深谙吃喝玩乐之道，任盈盈和他在一起感到很满足、很快乐；交往中期，任盈盈发现令狐冲是一个很重情义的人，他对自己小师妹的恋恋不舍和对自己兄弟朋友的鼎力相助，都让任盈盈感觉这是一个值得托付的男人；交往的最后阶段，任盈盈发现令狐冲身上有种特有的魅力，他总是能在第一时间觉察出自己的喜怒哀乐，并且给予支持和鼓励。这时候的任盈盈已经觉得，自己的生命和令狐冲分不开了。

由令狐冲和任盈盈的恋爱经历我们可以看出，享乐主义者是天生的爱情高手，他们总是会为自己的伴侣创造一个接一个的惊喜。和享乐主义者在一起，伴侣们会觉得生活特别有意思，并且享乐主义者还很会讨好自己的伴侣，只要感觉到自己的伴侣不开心了，他们总是能在第一时间给予抚慰。

在现实生活中，并不缺乏类似于令狐冲一样的享乐主义者。在他们看来，人生最大的意义就是吃喝玩乐，他们会是朋友圈中的活地图，闭着眼睛都能细数自己周围有哪些好吃的、好玩的东西，和他们在一起，你的生活一定会充满无限的乐趣。

但是，值得注意的是，人生并不是只有吃喝玩乐这么简单。就拿令狐冲来说，在江湖出现危难的时候，他也会挺身而出，担负起自己应当承担的责任，更何况是现实生活中的我们。

公司里的开心果——职场中的享乐主义者

当享乐主义者身处职场时，他们的表现是怎样的呢？本节将为你揭露职场中的享乐主义者。

职场中享乐主义者的特点

第一，职场中的享乐主义者喜欢多元化的工作环境，他们不愿意处于死气沉沉的办公环境中，这样会让他们感到极其压抑。那种偶尔在户外，偶尔在自己家里办公的环境更能调动享乐主义者的积极性。

第二，职场中的享乐主义者善于创新，充满创意的点子、灵感比较多，如果公司领导运用得当，这些点子和灵感都会为公司带来巨大的财富。

第三，职场中的享乐主义者不喜欢被约束，他们一般是踩着点上班的人。在这一点上，职场中的享乐主义者和浪漫主义者有一致的地方。但不一样的是，浪漫主义者会彻底摆脱约束，就拿上班来说，浪漫主义者会迟到几个小时或者几天不来，但是享乐主义只会迟到几十分钟而已。

第四，职场中的享乐主义者生性叛逆，大话连篇，会满口承诺同事很多事情，但真正能做到的却没有几件。一般在公司里，熟悉享乐主义者的人基本不会把自己认为重要的事情交给他们去办，因为他们肯定会误事。在这一点上，怀疑论者和观察者是值得托付和信赖的好朋友，他们虽然嘴上不说什么，但是会尽力将事情办好。

第五，职场中的享乐主义者是公司的开心果，哪里有享乐主义者，哪里就会有笑声。当大家感到气氛比较沉闷和尴尬的时候，一般都是享乐主义者来打破僵局。

职场中享乐主义者的案例

一

李明是一个典型的享乐主义者，每天只知道吃喝玩乐，和公司同事的聊天内容，不是美食就是游乐场，是公司出了名的游手好闲者。更有甚者，他每次上班都会迟到，在领导的训斥之下，又改成了踩着点来上班。

虽然李明身上有很多缺点，但是因为他总能给大家带来乐趣，能在领导每次请客吃饭时，为他们选择满意的地方，所以，领导倒也很器重他。可是，最近李明却摊上了一件大事。

新来的小张是领导的新秘书，那天她有事先走了，临走之前，将领导交给她的事情转交给了李明，她不知道李明是个吊儿郎当的人，还千叮咛万嘱咐李明一定要去办。结果，一下班李明就和几个哥们去喝酒了，将小张托付的事情彻底忘记了。

那天，领导要约一个重要客户，让小张送资料，结果小张又交给李明，这件事情就这么给办砸了，领导一气之下将小张和李明都给辞掉了。这下，小张追悔莫及，她后悔不该将重要的事情交给像李明这样的人。

案例中的李明是一个典型的享乐主义者，他会满口答应别人的事情，但却不会真正地实践。正是因为小张不知道李明是这种特质的人，所以才会将如此重要的事情交给李明，结果出现了重大失误，导致自己被辞退的结局。

二

丽娟是一家广告公司的职员，她生性开朗，活泼好动，一进公司就招许多人喜欢。大家都说她是一个开心果，她到哪里，哪里就会有欢乐。

虽然丽娟是刚毕业的大学生，可是她的广告策划和设计能力并不比别人差。她很喜欢自己的职业，并且在设计中非常有灵感，设计和策划的很多东西都深受领导的好评。

有一次，公司组织了一个个人设计大赛，大家都在很早以前就开始精心准备，他们都认为这次的比赛冠军一定会是公司的那些老设计师，毕竟他们实战经验丰富。可是没想到，比赛的结果是丽娟夺得冠军，她之前并没有做很充分的准备，只在比赛的前一天才开始着手创作。大家看到这个结果都惊呆了，觉得丽娟是个天才，丽娟所在公司的领导也对丽娟赞赏有加，准备为她升职加薪。

从这个案例中，我们可以看出，丽娟也是一个典型的享乐主义者，她天性乐观开朗，一到公司就被很多人喜欢，又因为她富于设计和创新的灵感，虽然刚到公司，自己也没有用心地准备，却在公司的设计大赛上取得了很好的成绩。这些都是享乐主义者身上的典型特质发挥的作用。

读懂职场中的享乐主义者

首先，要将职场中的享乐主义者安排到适合他们的岗位上。享乐主义者善于创新，鬼点子多，所以一般需要设计和创意的工作完全可以交给他们去做，他们保证会给大家一个极大的惊喜，并且会给公司创造可观的收入；同时，在外交方面也可以考虑享乐主义者，他们善于打理人际关系，并且在吃喝玩乐方面很在行，让他们来做公关，也会收到意想不到的效果。

其次，重要的和紧急的事情千万不要交给享乐主义者办。享乐主义者虽然会满口答应别人，但却并不可靠，一旦碰上自己感兴趣的事情，就有可能抛下手头上承诺别人的事情，所以将紧急和重要的事情交给享乐主义者只能误事。

再次，当公司的氛围有点死气沉沉时，不妨找享乐主义者调节一下氛围。享乐主义者是天生的开心果,有他们在的地方就会有欢乐，当公司的氛围压抑和沉闷时，享乐主义者可以充分发挥自己的能力，振奋大家的精神，使大家精神百倍、活力十足地投入工作中。

最后，要强化享乐主义者的时间观念。他们天性比较散漫，属于上班经常迟到的一族，所以在上班的时间和办事的期限上，领导要给予明确的限制，让他们在规定的时间内完成。否则，只能导致享乐主义者更加自由散漫。

永远在寻找刺激——婚恋中的享乐主义者

喜欢吃喝玩乐，认为生命就在于享受的享乐主义者当处于恋爱和婚姻中，又抱着怎样的态度呢？本节将为你揭秘婚恋中的享乐主义者。

享乐主义型伴侣的特点

第一，享乐主义型伴侣头脑灵活，鬼点子多，在恋爱阶段，他们会制造很多惊喜和浪漫给自己的恋人。在这一点上，享乐主义者和浪漫主义者有相同的地方，但浪漫主义者的惊喜和浪漫是天生的，婚后他们也会这么做，而享乐主义者只是为了一种刺激和新鲜感，在追女孩子的时候用用，婚后用的可能性不会很大。

第二，享乐主义型伴侣不懂得珍惜自己所拥有的东西。对享乐主义型伴侣来说，未知的、新鲜的东西是最吸引人的，所以，享乐主义型伴侣一般不会对爱情多么专一，总想着到外面寻找刺激。

第三，享乐主义型伴侣天生乐观，他们不会和别人比较生活质量等问题，一切只要自己满意就好。在恋爱和婚姻中，他们更加看重的是自己的感觉，自己感觉好就行，自己感觉不好，谁说也没有用。

第四，享乐主义型伴侣在恋爱和婚姻中经常使用“承诺”这个法宝，但是在行动上却没有真正做到自己所承诺的，他们只是图一时口舌之快。对于享乐主义型伴侣给出的承诺，大家一定要谨慎听之，一般都属于不靠谱的废话。

第五，享乐主义型伴侣很会讨自己周围人的开心。当自己的伴侣生气和伤心时，享乐主义者知道怎么去哄他和逗他开心，并且对自己伴侣的家人也会很刻意讨好，是一个十足的八面玲珑者。

享乐主义型伴侣的案例

一

李阳是天生的乐天派，在没结婚之前，他只知道召集自己的狐朋狗友大吃大喝，在他看来，生命在于享受，那些整天累死累活的人都是傻子。这样的日子过了几年之后，李阳也觉得没有意思了，就想到了结婚，他想或许结婚能带给他一些不同的享受。

结婚之后，李阳确实体验到了一些别样的享受，可是没多久，他又觉得没有意思了。结婚之前，他还想着暂时不要孩子，多享受一下两个人的浪漫世界，可是眼下，他又觉得有个孩子，生活或许会有趣一点儿。

就这样，李阳让妻子接连生了两个孩子。有了孩子的李阳再也不能想出去就出去了，他必须在家里陪着妻子照看孩子，现在只要一听到孩子的哭声，李阳的头就嗡嗡响，现在他才明白了，原来当爸爸这么辛苦啊！每每这个时候，李阳都会想到自己之前和朋友大吃大喝的那些日子，可惜再也回不去了。

李阳的心态就是享乐主义者的典型想法，他们做任何事情不是基于这件事情的价值和必要性来做，而是通过自己的感受决定的，觉得新鲜刺激，自己就去做，完全不会考虑后果。就像案例中的李阳，觉得结婚新鲜就去结婚，之后，又觉得生孩子刺激，就去生孩子，根本没考虑后果。

二

王二是某空调公司的维修工，他天生幽默，很多上门维修的顾客都说王二的服务态度不错，并且能说能笑。他们的空调一有问题，都会指名让王二过来修理。

在维修空调的过程中，王二结识了一位叫马玲的女士，马玲因为前夫有家庭暴力，结婚没两年就离婚了，离婚之后因有恐惧心理，就一直没有再结婚。在修空调时，马玲见到了王二，她看王二聪明能干，人又很幽默，两个人聊得很投机。那天，马玲执意留下王二吃饭，两个人的关系又近了一步。

从此以后，只要马玲家的空调有问题，哪怕是非常小的问题，她也打电话给王二，一来二去，两个人的关系越来越近。最后，终于越过了底线。这下，马玲开始缠着王二娶她了，可是王二已经结婚了，虽然和老婆的感情在慢慢变淡，可是两个人已经有了孩子，王二是不可能离婚的。

王二开始有意无意地躲避马玲，马玲意识到之后，直接跑到王二的公司堵他，王二被弄得狼狈不堪。最后，王二狠下心，辞掉了修空调的工作，更换了自己的联系方式，躲到马玲再也找不到的地方去了。

案例中的王二也是一个享乐主义者，为了追求新鲜刺激，去寻找外面的女人，而一旦出事，他又很害怕承担责任，往往选择逃避或者是躲起来。

读懂婚恋中的享乐主义者

首先，如果你有一个享乐主义型伴侣，你就要学会打扮和丰富自己。享乐主义型伴侣追求新鲜感和刺激感，你就要让自己一直保持神秘，每天让他看到不同的你，能在你的身上有新的发现，这样你就会对他永远保持吸引力。同时，要留心注意自己的享乐主义型伴侣，不给他出去寻求刺激的机会。

其次，享乐主义型伴侣比较贪图安逸，他们对未来没有过高的计划和要求，只要自己眼下过好就行了。所以，作为他们的伴侣，要为彼此制订共同的未来计划，然后督促他一起为了这个计划而努力，切不可安于现状。

再次，如果你是一个享乐主义者，那么你考虑自己的婚姻时，一定要本着实用的态度，恋爱时可能是一种心动的感觉，但婚姻是以平淡为基调的，不能以自己的主观意志为转移，要更多地考虑婚姻里的责任和义务。这一点可以参考实用主义者选择伴侣的条件，他们更加注重两个人在婚姻中的契合度，能最大限度地创造生活的价值。

最后，享乐主义者要减少对别人虚幻的承诺。虚幻的承诺等于没有承诺，还会让自己变成一个毫无担当和毫无责任的人，所以，享乐主义者要在对自己的另一半做出承诺的时候，三思而后行，不要一味地盲目承诺。

回到现实当中——享乐主义者心理调适

享乐主义者是永远的年轻人，为了保持自己的健康和活力，他们会经常光顾健身中心和保健食品商店。他们的形象也常会出现在医疗保健的杂志上。他们是典型的理想主义者、未来主义者和世界级的旅行者。

通常，享乐主义者不会从事例行公务的工作，因为这样的工作不需要冒险精神。实验室里的技术人员、会计和其他可以预计结果的工作，都不会是享乐主义者的选择，同时，他们也不喜欢为一个苛刻的老板工作。享乐主义者是为了一个有趣的项目、一个有意义的目标而努力工作的人，他们不会像其他人一样为了薪水和个人利益而工作。

享乐主义者对工作充满着美好的幻想，他们宁愿沉浸在这种无谓的想象中，也不愿面对现实中的枯燥工作。因为工作就意味着对一件事情做出完全的承诺，意味着要认真对待一件事情，而享乐主义者更喜欢的是在多种选择之间徘徊，更喜欢无拘无束。

从精神层面来说，享乐主义者喜欢想象积极正面的事情，他们经常会沉浸在自己的想象中。他们的心中装满了为未来制订的宏伟计划，但是这些计划仅仅局限于想象中，他们不会去实际操作，也没有勇气亲身实践。

同时，享乐主义者会过度沉溺于自恋的独特气质中，反而对客观真相视而不见。他们坚信自己是出类拔萃的，所以他们只寻找周围环境中支持他们观念的事物和人，也因为如此，他们会失去客观认识自己和别人的机会。

作为一个享乐主义者

你不仅要关注自己的需要，同时也要学会认真理解别人的需要，因为别人的意见和感觉也和你的一样真实，同时这样做你会收获更多的朋友。

当别人向你提出了问题时，不要简单地向对方提出你的看法和建议，而是要先征求对方的意见，看对方是否乐意接受你的看法和帮助。

告知别人，即使是影射性地批评你，也会让你很生气，但那只是你暂时性地发脾气，请他们不要放在心上。

当和朋友在一起的时候，你很难形容你的情绪和感情，但是你要告知朋友，你的心情是愉快的，只是你很难用语言表达出来。

如果你有一个完美的计划或者是设计要告知大家，在你还没有说出来之前，最好先认真检查一遍你的计划和设想，这样会让你更加有把握。

如果有什么事情你不能单独完成，需要别人的帮助，就要在行动之前先告诉别人，这样别人才能更好地配合你，也不会觉得被你冷落了。

如果你已经将某件事情交给某个人去做，但是你又有了更好的想法，不管是公事还是私事，都要先将你的建议告知委托的那个人，不要自己贸然行动。

作为一个与享乐主义者交往的人

他们的思绪总是处于徘徊的边缘，你要通过提问的方式使他们回到当下，在提问的时候最好问问他们的感觉，因为他们对自己的感觉特别注重。

当进入一次轻松和愉悦的交谈之中，要试着分享他们的喜悦，这样会让他们觉得你是真正懂得他们的人，你们的步调是一致的。

当他们展示自己的创意和成果时，记得认真倾听并且赞扬他们的远大见识，不要试图证明这个想法的可行性，这样会让他们感到极度挫败。

当你有好的建议或者想法的时候，不要使用批评或者命令的口吻，使用中性词，会让他们更容易接受。

如果你的建议会影响他们目前的计划和设想，就要给他们充足的时间来接纳。

当你跟他们在一起的时候，一定要试图让自己保持精力充沛的状态，否则他们就会觉得你对他们的安排不满意，会将你排除在自己的圈子外。

当你们正在讨论一个问题的时候，如果他们试图怪罪于你，不要放在心上，只要将他们再带回讨论的问题上就可以了。

心理专家给享乐主义者的建议

由于享乐主义者急于追求快乐，将快乐作为自己的心理防线，所以他们中的很多人会面临各种各样的问题。享乐主义者需要认识到自己对快乐的盲目追求，他们的注意力只看到了积极的幻想或者其他愉快的行为，从而忽视了现实的痛苦。

享乐主义者可以通过以下方式帮助自己：

第一，要认识到自己的注意目标总是青春和活力，而没有看到年龄增长和成熟带来的价值。要学会面对痛苦，从痛苦中发现问题，不要总觉得“我如果需要帮助，那么我就是有缺陷的”。

第二，不要让自己沉浸在表面的快乐中，而忽略了深层次的体验。给自己留出充足的时间，倾听心底最真实的声音，看看自己表面上体验到的快乐，是否满足了自己最深层次的需要。

第三，不要总是觉得自己跟别人不一样，自己必须获得特殊的待遇。要将周围的人和自己同等看待，看到每个人都有自己的价值，自己并没有高人一等。

第四，当良好的自我感觉遭到质疑时，尽管自己已经十分愤怒，也要学会控制自己的情绪，继续完成工作。当自己的情感出现问题的时候，也不要两极化地看待他人。如果眼前的事情真的很糟糕，要学会接受现实，而不是胡思乱想。

第五，要认识到自己喜欢逃避现实，总是喜欢美化事物，将自己放在虚假和不真实的幻想情景中。要试着生活在当下，体会当下的感觉。

第六，要学会接纳别人的看法，尤其是对自己的评价。要接受自己和别人对自己评价的差异，学会正确客观地评价自己。

第七，在面对困难的时候，不要试图通过脑海中的幻想来否认它的存在，而是要客观地接受和分析当前的困难，必要时寻求外界的帮助。

第九章

征服他人，驾驭世界
——领导主义者

领导主义者喜欢充当保护者的角色，很有号召力，害怕让别人看到自己的缺点。他们喜欢自己创业，喜欢掌握员工的感觉，善于调动员工的积极性，做事有始有终。他们在婚恋中比较强势，对另一半的要求较高，容易让对方产生压迫感。领导主义者要注意自己对别人的控制欲望是否是自己的真实意图，学会适当地示弱，不要将别人对自己的帮助看成怜悯。

一切尽在掌握中——领导主义者

以下是领导主义者的一段自我描述：

我从小就具有领袖的气质。上小学的时候，我就经常领着一群小孩子打架，这些小孩子都封我为大哥。他们说，跟着我特别踏实，只要我出面，就没有摆不平的事情。后来，老师让我当班长，协助他管理班级，那是我最喜欢的事情了。

我特别轴，自己决定的事情，谁也改变不了，而且我还有逆反心理，喜欢和别人对着干，如果我想去东，别人也说向东，不管对和错，我立马就会向西。父母和朋友都说我是一个特别有主意的人，别人拿我一点办法也没有。

我办事情很重视结果，有种不达目的誓不罢休的劲头。我很看不起那种没有本事的人，更不喜欢和弱者合作。我说话比较直接，想到什么就说什么，从来不会在意别人的感受，所以我经常得罪人。

我特别好强，有些时候甚至是逞强，当我难过的时候，我绝不会让任何人看出我的痛苦和难过。在外人面前我可以表现得很坚强，哪怕是生病了，我也会坚持学习和工作，不愿意让人看到我的懦弱。

在家里，我也是比较强势的，我喜欢一切事情都由我做主的感觉，哪怕是电视的遥控器，也要一直拿在我的手里。对于子女的要求，我也比一般家长要高，别人家的孩子能办到的事情，我的孩子一定要做得更好。

从以上这些描述中，我们可以看出领导主义者如下的人格特点：

领导主义者喜欢充当保护者的角色，他们习惯为自己的亲人和朋友出头，捍卫他们的利益，让他们站在自己的身后，得到充分的保护。

领导主义者喜欢掌握和控制别人，他们喜欢领导的位置，希望别人都听从自己的安排，也希望能用自己的影响力控制周围的局势。一旦周围的环境没在自己的预料和掌握之中，领导主义者就会感到特别不舒服、不自在。

领导主义者的人生观和价值观是：弱肉强食，优胜劣汰。因此，领导主义者会不断增强自己的能力，同时，他们也会不断寻找对手的缺点。

领导主义者最害怕的事情就是让别人看到自己的缺点和软弱，所以他们一旦有缺点和软弱都会掩藏起来，不让别人知道，这也是他们自我保护的一种方式。

比如，在工作中，领导主义者生病了，可是工作又到了最关键的时候，领导主义者在这个时候是绝不会休息的，不管他们有多么不舒服，领导主义者都会硬撑着不让别人知道，直到工作结束。

领导主义者大大小小的事情都要自己拿主意，大到要从事什么样的工作、找什么样的人结婚、以后留在哪个城市发展，小到买什么样的家具、吃什么样的饭、周末去哪里玩，他们都要自己做决定。

比如，一伙人出去吃饭，地方一般都是由领导主义者来定，一旦别人决定了这件事情，领导主义者就会不快，或者索性不去。

领导主义者是天生的创业者，他们不喜欢给别人打工，觉得听从别人的安排是一种极大的折磨。所以，他们会一直筹划自己创业，一旦机会成熟，他们就会立马辞掉工作，开始创业。

领导主义者会不断完善自己的能力，认为只有自己足够优秀，才能控制自己的生存环境。所以，他们会不断地学习能用得上的东西，觉得只要自己学会了，周围的人才不会糊弄他，他才会足够安全。

例如，优秀的企业领导者，一般都是从最基层做起，在基层的实践中，他们能学会各种工作所需要的经验，在做决定时，他们完全了解真实情况，能根据实际情况做出正确决定。

领导主义者喜欢冒险，但要在自己能控制的范围之内。通常，他们冒险是为了创业和自己的成功，这个特质和享乐主义者一样，享乐主义者也喜欢冒险，但是他们纯粹是为了好玩，与成功无关。

比如，领导主义者和享乐主义者一起玩冒险的蹦极游戏，领导主义者的目的是锻炼自己的胆量，能在恐惧面前从容不迫，可是享乐主义者只是为了刺激和过瘾。

领导主义者喜欢挑战，他们常常是明知山有虎，偏向虎山行，他们想通过挑战艰巨的任务来证明自己的实力。实干者也喜欢挑战，可是实干者在挑战中会寻求捷径，只要能够证明自己的能力，他们会不惜一切手段。

比如，同样是比赛谁的力气大，如果领导主义者和同龄人比赛赢了，他们就会觉得高兴，可是他要是和比自己小的人比赛赢了，他们就会觉得胜之不武；但是实干者就不一样，不管是和谁比赛，只要赢了实干者都会很高兴。

领导主义者特别任性，只要是他们决定了的事情，就一定要做，不会听从别人的建议，直到撞了南墙才会回头。

领导主义者对自己要求高，对别人要求也高，有时甚至有点完美主义，因此会得罪许多人。在工作中，如果下属做对了，领导主义者不一定会表扬；但是，如果下属做错了，领导主义者一定会批评他。

领导主义者很有号召力和鼓励性。有领导主义者在场，周围的人都会激情澎湃和热血沸腾，感觉跟着领导主义者特别有盼头。但是，因为领导主义者总将自己摆在较高的位置上，所以他们有时也会目中无人，不懂得尊重别人。

领导主义者追求自给自足，不喜欢依赖别人，在他们看来，依赖别人就是被别人掌控，只有自己学会，才不会被别人掌控。所以，领导主义者一般都是自己的事情自己做，不到万不得已，不会让别人插手。

总揽全局的领导人物——刘备

所谓领导主义者，就是指那些具有优秀管理才能，能为整个团队出谋划策，能挡在许多人前面充当保护者角色的人。

说起最具领导主义者特征的人物，无人不佩服三国时期的刘备，在那样一个军阀混战、动荡不安的年代，白手起家的刘备，竟凭借自己出色的领导能力，组建了一支精英团队，因而成就了一番霸业，也促成了历史上有名的三足鼎立的局面。

那么，刘备优秀的领导能力表现在哪些方面呢？

首先，刘备特别重视人才。刘备出道早期，身边只有结拜兄弟关羽和张飞。他深知自己的力量单薄，所以一直在寻觅有识之士的加入。后来，在水镜先生的指引下，刘备“三顾茅庐”，请出了卧龙小诸葛，紧接着，刘备又招募了“凤雏”庞统，刘备招募的这些人，无不令其他诸侯羡慕不已。

值得注意的是，刘备之所以能招募到这些旷世之才，与刘备自身宅心仁厚、满腔抱负是分不开的，更重要的是刘备爱民如子，为他赢得了民心。

比如，在逃离樊城，被曹操追杀的途中，刘备面临前有江河阻拦，后有曹操围追堵截的状况，形势十分严峻，身边的将士几次提出让刘备抛下百姓，自己一个人逃跑，可是都被他拒绝了。虽然每天带领数以万计的百姓只能走十里路，但是刘备依然不愿舍弃这些人。最后的结果是刘备的夫人投井身亡，儿子阿斗丢失。

从这个事例中，我们可以看出领导主义者的一个重要特质，他们会充当保护者的角色，站在需要他们保护的人前面，这样会让别人有种安全感，这也让当时的刘备赢得了人心。

其次，刘备具备优秀的用人才能，他经常使用的用人招数有以下两个：

第一，攻心战术。刘备所谓的攻心战术就是征服人心。他用真情打动身边的人才，使他们全心全意地为自己服务。就拿最经典的“三顾茅庐”来说，刘备第一次和第二次去都没有见到诸葛亮，身边的关羽和张飞都着急了，只有他不着急，依然不厌其烦地去了第三次。他用自己诚恳的态度来打动诸葛亮，最终功夫不负有心人，成功地请出了诸葛亮。

第二，知人善任。刘备深知周围人的特点，如诸葛亮和庞统足智多谋，能给自己出谋划策；而关羽和张飞英勇善战，在战场上能大展宏图；赵云能文能武，细致严谨的事情一般都交由赵云去做。刘备会将这些人才用到恰当的地方，使这些人各展其才。

从刘备常用的这两个用人策略上，我们可以看出刘备身上的控制大局和善于领导别人的特质，不管是攻心战术，还是知人善任，他让手下人心甘情愿地为自己办事，能立马执行自己的命令，使他一直处于做决定的领导核心地位。

再次，刘备善于沟通，具有号召力，能在第一时间聚拢人心。这是领导主义者最重要的特质，他们能让别人信服自己，并且在第一时间将涣散的人心聚拢起来，这有利于激励将士们的士气。

比如，在长坂坡，赵云冒着生命危险，和曹操的百万大军浴血厮杀，七进七出，最终将阿斗救了出来。大家想着阿斗的安危，都六神无主，不知所措。当赵云捧着阿斗平安归来时，刘备接过阿斗就要往地上摔，正是这个动作，感动了刘备身边的人，他们的士气更加旺盛，从此君臣一条心。

从这点上我们可以看出来，刘备具有很好的沟通能力和号召力，他知道面对赵云不惜生死救回来的儿子，再多的语言在当时都会显得苍白无力。所以，他通过摔儿子的动作，证明了将士在他心目中的地位比儿子更加重要。因此，他赢得了将士们的心，让他们的士气更加旺盛。

此外，刘备具有远大的抱负，但是在自己的能力还不具备的时候，他会养精蓄锐，办事情能把握好分寸，这里的分寸是指以自己的现有能力去办事，不会做那些自己办不到的事情。等到自己的能力达到足够的水平时，刘备才会考虑更高的目标。

比如，刘备初期只是一个卖草鞋的小贩，但是他从来没有忘记自己的另一个身份——“刘皇叔”。正是抱着这个身份，他开始通过行动来营销自己，笼络天下的有识之士，直到自己的队伍不断扩大。之后，他再说出自己的目标就是光复汉室，并且带领着自己的将士朝着这个目标而努力。

刘备这时的表现就像一个具有领导力的人想创业，去做一番大事业，但是苦于手上什么资本也没有，他们只好先给别人打工，积累人脉和经验。等到时机足够成熟的时候，他们再考虑自己的大事业。满怀远大的抱负和目标也是领导主义者的显著特征之一，不管怎么样，他们都不会安于现状。

最后，刘备的思想与时俱进，能掌握正确的工作方法。刘备最擅长用的一个手段是贴安民告示，所谓的安民告示，就是针对百姓关心的问题，给出令他们安心的答复。刘备深谙人民群众是打江山最重要的力量，做任何事情都要以人民群众的利益为出发点，这样既能安稳人心，又为自己赢得了人民群众的支持，可谓一箭双雕。

从刘备的经历上我们可以看出，虽然他有一个皇族宗亲的身份，但是由于家道中落，他并不具备其他的优势。可就是这样一个什么都没有的人，却凭借自己优秀的领导能力、高瞻远瞩的眼光，做出了一番丰功伟绩。

从刘备身上看领导主义者的特质，你就会准确地辨别自己身边的领导主义者。

站在下属前面——职场中的领导主义者

善于控制别人，掌控大局的领导主义者，当身处职场时，又是怎样的一番作为呢？本节将为你介绍职场中的领导主义者。

职场中领导主义者的特点

第一，职场中的领导主义者一般很少为别人打工，他们喜欢自己创业，为别人打工只是暂时的事情，一旦时机成熟，他们都会选择自己创业。

第二，职场中的领导主义者喜欢控制和掌握自己的员工，他们喜欢让员工按照自己的意愿办事。比起那些富于主见、喜欢创新和另辟蹊径的员工，领导主义者更喜欢服从命令的员工。

第三，职场中的领导主义者喜欢亲力亲为，哪怕再小的事情，他们也要自己做决定，不喜欢别人擅自做主。

第四，职场中的领导主义者善于调动员工的积极性，一旦公司面临着业务减少或者倒闭的危险时，只要领导主义者在，员工就会有主心骨，他们会觉得领导主义者能够带领大家渡过难关。

第五，职场中的领导主义者会发挥自己的能力，保护自己的员工。一旦员工出现问题，领导主义者会将其看成自己的问题，站在员工前面承担责任。

第六，职场中的领导主义者办事有始有终，不会半途而废，这个特点和完美主义者很像，他们都不喜欢那些拖拖拉拉、经常半途而废的人。

职场中领导主义者的案例

一

何飞是一个非常有野心的人，在大学的时候，因为管理能力强，他一直是老师的得力助手，并且在大学担任学生会主席。

毕业之后，何飞本来打算自己创业，但是苦于手中没有资本，虽然跑去拉过赞助，但是一直没有找到可靠的投资人。思前想后，何飞还是决定先找一份工作替别人干着，等攒够了足够的资本，再创业也不迟。

后来，何飞被一家中外合资的公司录用，因为他出色的业绩，到公司不久，就引起了公司上层领导的注意，他们专门找何飞谈了一次话，询问了他对未来的规划，何飞的想法和野心也被领导欣赏。

最后，何飞所在公司的领导经过商量，提拔何飞为一个部门的经理，希望他能在这个职位上大展宏图。

案例中的何飞就是一个典型的领导主义者。在大学的时候，他承担了学生会主席的职责，并且成为老师的得力助手。毕业之后，他想创业，但苦于没有资金，只有先替别人打工，但是仍旧没有掩盖住自己当领导的野心。后来，因为他出色的业绩，终于成为一个部门的领导，也算是暂时满足了自己的愿望。

二

李峰自幼勤学上进，通过不断的努力，短短五年时间，李峰已经成为某制药厂销售部的经理。他年轻有为，具有号召力，在制药厂深得人心。

有一次，李峰所在部门的一个职员去某医院推销药物。进门的时候，这个职员和门口的保安发生了口角，保安仗着人多势众，将这个职员痛打一顿就赶了出来。

职员回来之后，李峰看到早上出去还好好的人，怎么现在却带着一身伤回来了，连忙问他发生了什么事。这个职员将整件事情的来龙去脉告诉了李峰。李峰听后生气极了，当即带着这个员工去了那家医院，非要保安和医院的领导给个说法，并且还说，要针对这件事情和医院打官司，绝不亏待自己的员工。

后来，医院方面专门派人向被打的员工道歉，赔偿了医药费和精神损失费，而打人的保安也被医院解雇了。看到医院采取的弥补措施，李峰征求了员工的意见，原谅了医院。

从李峰的做法，我们同样可以看出，他是一个领导主义者，遇到事情的时候，他能果断地站在员工的前面，替他们着想，保护他们。这个时候的李峰，与其说是员工们的领导，不如说是员工们的保护者。

读懂职场中的领导主义者

首先，领导主义型上司都很强势，也正是因为他们的强势，身边的人几乎不敢跟他们讲实话，但是他们又很希望能听到实话。所以，只要你了解领导主义者的这个特点，就可以很容易和他们相处。在领导高兴的时候，大胆地说出实话，如领导做得不够好的地方和他看不见的盲区，这样他会更欣赏你和重用你。

其次，领导主义型上司掌控欲比较强，一般决定的事情他们是不会轻易改变的。所以，当你的看法和他们有出入时，先不要和他们理论，而是要认真执行他们的命令，等到有一天他们心情好了，可以再提出自己当时的想法。

再次，领导主义型上司很维护自己的员工，虽然他自己对待员工很严厉，但是当有外人欺负了自己的员工时，领导主义型上司肯定会第一个冲上去保护自己的员工，他们喜欢扮演保护者的角色，认为自己应该有能力保护周围的人。同时，他们也会为员工极力争取利益，让员工觉得跟着他不会吃亏。

此外，领导主义者是非常有野心的人，如果你是一个集团公司的老板，让领导主义者帮你打理一个分公司，凭他们的能力，一定会打理得非常好。可是，如果领导主义者所在的公司只是一个小公司，他们就不会满足，一定会等到条件成熟之后，再去自己创业。

最后，领导主义者比较直接，需要注意的是，他们可能经常因为说错话而吃亏。领导主义者一般不在意别人的看法，有什么说什么，这可能会在无形之中得罪别人，给自己的工作带来不必要的麻烦。

充当家人的保护伞——婚恋中的领导主义者

当喜欢别人听从自己的安排，一切都要自己做决定的领导主义者身处恋爱和婚姻中时，表现是否和他们的特质也一致呢？本节将介绍婚恋中的领导主义者。

领导主义型伴侣的特点

第一，领导主义型伴侣比较强势，不管是在恋爱还是婚姻阶段，大大小小的事情都要由他们说了算，他们喜欢那种小鸟依人、依赖自己，什么事情都听从自己安排的伴侣。

第二，领导主义型伴侣从来不放弃，只要喜欢一个人，就会竭尽全力地争取和他在一起的机会。领导主义型伴侣这种不放弃的精神和实干主义型伴侣很相似，但是有所不同的是，在争取的时候，实干者会采取一些歪门邪道来达到自己的目的，而领导主义者一般更加崇尚光明磊落的手段。

第三，领导主义型伴侣会承担起保护伞的责任，他们习惯于保护自己的亲人和朋友，只要家里人受到伤害，他们会立马冲到前面。和领导主义型伴侣在一起，你会特别有安全感，从来不用独自承担压力。

第四，领导主义型伴侣对另一半的要求比较高，因为他们对自己要求很高，认为只有拥有足够强大的能力，才能掌控周围的世界。因而，他们对自己的伴侣也有较高的要求，这样会使人产生压迫感。

第五，领导主义型伴侣习惯掩藏自己的悲伤和软弱。他们一直习惯于扮演强者的形象，在自己的伴侣面前也是如此。所以，当他们感到悲伤和难过的时候，往往会选择自己一个人扛，并为自己疗伤。

领导主义型伴侣的案例

一

大强是一个名副其实的大男子主义者，生活中的大大小小事情都是他说了算。尽管如此，妻子依然觉得自己的丈夫很可爱，因为关键时刻，丈夫都会挺身而出，保护自己和孩子。在她看来，虽然大强有大男子主义，但是跟他在一起特别有安全感。

有一次，大强的妻子去超市购物，在结账的时候，她又忽然不想买其中几样东西了，而当时收银员已经将这几样东西都输入电脑了，要修改的话很麻烦，她就建议大强的妻子拿上算了，而大强的妻子就是不要。一来二去，两个人就争吵起来，收银员一气之下就不给大强的妻子结账了，将她所有的东西都退了回去。

大强妻子生气极了，回家后立刻将这件事情告诉了大强，大强话还没听完，就站起来要找那个收银员算账。在妻子的带领下，大强找到了那个超市收银员，二话没说，上来就给了对方一巴掌。

这件事情的结果是大强因为这一巴掌赔偿了收银员一千块钱，并且做出赔礼道歉。这下，大强的妻子后悔极了，虽然大强给自己出了气，可是他们也为此付出了很大的代价。

从大强的日常表现来看，他就是一个典型的领导主义型伴侣，在生活中的大男子主义形象就是他强势的表现。为了保护自己的伴侣，他不惜打另一个人，可见他保护亲人的欲望特别强烈，并且视为自己的一种责任，但也因此闯了祸。

二

小海和李红是一对小夫妻，一般的夫妻都是男主外、女主内，可是小海和李红这对夫妻却是女主外、男主内。

李红自小就是一个调皮捣蛋的孩子，尽管大人们多次说女孩要有女孩的样儿，可是李红才不管这么多，经常带领一群小伙伴到处惹是生非。上学了，因为李红具有号召力，老师就任命她为班长，这个身份一直伴随到她大学毕业。

大学毕业之后，李红因为优秀的领导能力和管理能力被一家外企聘用。上班没几年，李红就由当初的小职员成了一个小部门的经理，她的职场发展前途可谓非常光明。眼看自己的事业已经有了眉目，李红又开始考虑自己的终身大事，其实她前前后后也交过五六个男朋友，可是都因为她强势的性格，交往不到半年就都分手了。

后来，经人介绍，李红认识了现在的丈夫小海，小海是一个公务员，为人忠厚老实，虽然他没有李红的领导能力，但是他很细心和宽容，什么都能依着李红。就这样，他们在恋爱一年后，就步入了婚姻的殿堂。

婚后，两个人的分工更加明确，李红工作比较忙，大部分时间都在工作，而小海相对清闲，在上班的同时，兼顾起照顾家庭的责任。两个人倒也过得其乐融融。

案例中的女强人李红就是一个领导主义型伴侣，刚开始因为她的强势，虽然事业一帆风顺，可是在生活上却没有找到能包容自己的男朋友。遇到小海后，因为他的妥协和包容，最终两个人走到了一起，并且过得甜甜蜜蜜。

读懂婚恋中的领导主义型伴侣

首先，领导主义型伴侣强势，喜欢决定生活中的大小事，喜欢伴侣依赖自己，自己充当保护者的角色。所以，作为领导主义者的伴侣要学会包容和迁就他，凡事征求他们的意见，由他们主导两个人的生活。

其次，领导主义型伴侣对另一半的要求比较高，他们认为这个社会是弱肉强食的社会，所以每个人都应该像他们一样努力，对另一半的要求也是如此。因此，作为领导主义者的伴侣，不要安于现状，要不断完善自己的能力，使自己变得更加优秀。

再次，领导主义型伴侣喜欢向外界展示自己强大有力的一面，哪怕是面对自己的妻子或丈夫，他们也不愿展示自己的悲伤和软弱。因此，作为领导主义者的伴侣，一定要细心留意他们的情绪，在他们悲伤和脆弱的时候，给予积极的支持和鼓励，不要让他一个人扛起生活中的压力。

最后，领导主义型伴侣会出现逆反心理。他们不喜欢别人对自己指手画脚，一旦别人对自己的决定提出了看法和建议，他们就会与之对着干。和领导主义型伴侣最好的相处模式是，你什么也不要说，听从他的安排就好了。领导主义者本身很有能力，相信他们的决定没有错。

绝无仅有的“领导范”——领导主义者心理调适

领导主义者是典型的“困难领导者”，越是面对困难和障碍，他们越能表现出对领导权的忠诚和执着，也越能直面挑战。

在领导主义者所有果断和放纵的行为中，他们很难表达出自己内心深处最大的渴望和他们真实的目标。领导主义者不断斗争和制造麻烦的目的就是让自己保持兴趣，但是当外界满足了领导主义者的兴趣时，他们就会立马进入控制者的状态，让自己的目标变成现实。

领导主义者性格强势，他们会清楚地告知他人自己的立场是什么。在领导主义者企图操纵他人时，他们的手段强硬，态度坚决，所以很快就会被对方察觉，因此可能不会达到领导主义者预期的目的。

领导主义者总是关注别人隐藏的企图，他们会在敏感问题上有意与对方发生冲突，试探对方是否能经受住压力。对于领导主义者来说，公平竞争是一种双赢的选择，如果赢了，他们可以体验到掌控权的满足感；如果输了，他们会消除对对方的不信任感。

领导主义者坚持认为自己心中的真相就是绝对的真相，为了这种真相，他们不惜将任何反对意见当作自己的攻击目标。一旦进入这种状态，领导主义者也就失去了灵活性，他们无法反思自己的立场，也无法接受新的信息来软化自己的立场。直到领导主义者逐渐成熟之后，他们可能才会有意识地妥协，不仅关注自己的想法，也会倾听别人的观点。

领导主义者在成长的过程中形成了注意力的取向性，他们总是试图用自己的观点说服他人，这会致使他们被自己的无知所笼罩。一个无意识的领导主义者会将反对他人当作一种习惯，为获得控制权而投入大量的精力。

作为一个领导主义者

当你和别人交谈时，你要明白，提高嗓门不但不会引起别人的注意，反而还会让别人停止倾听，并且你此刻的嗓门要比你认为的还要大。

当你觉得对方没有在认真听你说话的时候，不要再次重复你的话语，而是要求别人帮助你澄清你所说的内容，请他们谈谈对你之前所说的话有什么看法。

当你有很多问题需要询问周围人时，提前告知他们，这些问题并不是为了为难他们，而是让你对情况有更全面的了解。

不要指望别人跟你一样，对一个问题或者一种情绪立马作回应，要给他们思考的时间，这样你才能得到满意的答复。

如果你感觉周围的人伤害了你的感情，就要立马告知对方，因为那是你自己的一种感觉，别人可能还不知道。

注意你无心说出来的、伤害人的话语，也许你觉得没什么，但是对方可能已经生气，一旦察觉，就要立马向别人道歉。

作为一个与领导主义者交往的人

在针对某一个观点或者问题进行讨论时，力图用精确的词语表达，让他们知道并了解你的观点。只有这样，他们才会用心听你下面所说的。

对你要说的问题不要保留，直接说明你的用意。他们对任何细小的问题都会在意，并且会做出有效的回应。

当谈话让你有压力或者让你感到受威胁的时候，就要告知他们，因为对你而言争论或者攻击的感觉，对他们来说可能是尽兴又安全的投入方式。他们完全没有预料到你的强烈反应，你的告知会让他们有所察觉。

如果你有某种想法和建议要告知对方，请务必先说出自己打算说的话，并且保持和他们进行讨论的意愿。

不要在他们面前说谎，他们是语言和行为上的洞察者，一旦发现你的谎言，就会激发他们攻击的欲望。

不要取笑他们，他们的反应速度非常快，一旦发现你有取笑的意味，他们会感到巨大的羞辱感，并且这种错误是不易被原谅的。

心理专家给领导主义者的建议

领导主义者一旦走出自己的原始反应，进入更高的境界，就会调动自己的潜能，以敏锐的反应能力控制周围的环境。如果领导主义者能够从以下方面进行改善，他们将会大大受益。

第一，领导主义者总是要求对自己周围的关系予以明确的定义，在定义周围的关系时，他们将斗争看作发展信任的一种方式。这种做法会让领导主义者很极端，在他们看来，周围的人群分为两派，一派是朋友，另一派是敌人，而他们总是通过挑衅使敌人采取行动。如果他们能意识到自己的绝对化分类，将对改善人际关系有很大的帮助。

第二，领导主义者不管在工作中还是生活中，总是试图为自己建立清楚明白的规则，可是一旦规则建立，他们又渴望破坏规则。领导主义者总是生存在这种矛盾的状态中，明白规则的有效性，并且努力遵守才能得到进步，但是在破坏这种规则的时候，一定要清楚自己的做法是对还是错。

第三，领导主义者需要注意自己对别人的控制欲望是否是自己的真实意图。不要滥用对别人的控制欲，一旦有违于自己的内心，就要遵照内心的想法来做。

第四，领导主义者要尝试拖延自己的情绪表达，在自己准备发火的时候，先默默倒数十下。不要总是从外界寻找问题的根源，要学会从自己的身上寻找问题，发现问题，并且为自己的问题认错道歉。

第五，不要将别人对自己的帮助看作怜悯，也不要将潜在的帮助拒之门外。多发现和赞扬别人的优点，学会妥协，将会对你有很大的帮助。

第六，不要对自己看不顺眼的人进行攻击，要适当地学会示弱。依赖别人并不见得是一件坏事，有的时候会被看作是在乎朋友的表现。

第十章

包容理解，宽容体谅
——调停者

调停者一般没有鲜明的个性，他们态度温和，喜欢安稳的生活。他们喜欢做熟悉的事情，害怕困难和挑战，喜欢为自己找借口。职场中的调停者喜欢按原则办事，不适应变动和创新的工作。调停者在婚恋中对感情的投入高于自身的需求，善于替自己的伴侣着想。调停者要注意自己用沉默来被动抗拒的办事方式，应该学会适时地发表自己的看法和感觉。

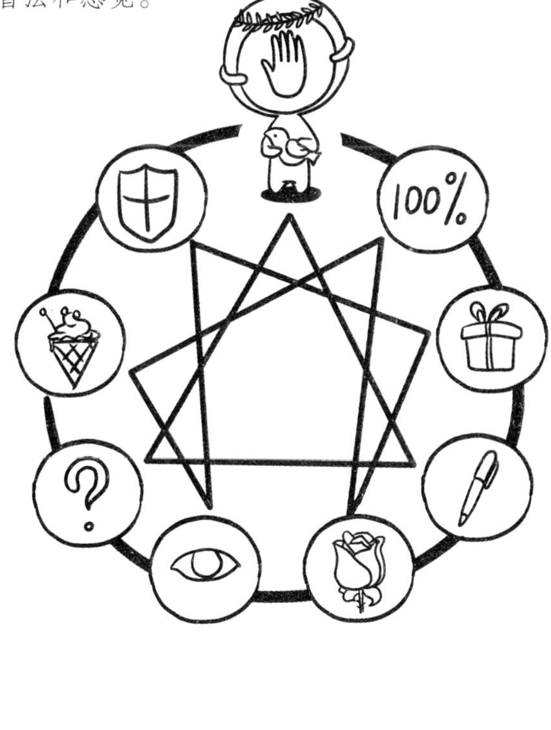

相安无事，一切都好——调停者

以下是调停者的一段自我描述：

我一般不会努力争取什么，容易知足常乐，喜欢听天由命。不管到哪儿，我都不会和别人发生矛盾，和我相处过的人都说我是一个特别容易相处的人。如果我周围的两个人发生了矛盾，我不会偏向谁，也不会站在谁的立场上，而是努力想出一个让双方都可以接受的办法来处理这件事情。

我非常有耐心，对家人和朋友的态度很和蔼，也会尽自己的能力帮助他们做一些力所能及的事情，所以我的人缘还是不错的。但是，我办事效率不是很高，经常拖拖拉拉，我觉得时间会抚平一切，我一般都会等待着时间来改变。

我总是参照周围人的生活安排来计划自己的生活，我觉得自己的位置无足轻重，只要周围人开心就好，我的开心与否并不是很重要。

在上学的时候，我从来不和别人拉帮结派，自己干好自己的事情就行，要是有人和我说话，我就会随着他多说几句，要是没人和我说话，我就一个人发呆或者思考我不懂的问题。我觉得生活安安静静的就行了，没必要非要争些什么。

上班之后，我也不参与办公室的政治斗争，谁升职加薪我都不会羡慕和嫉妒，那是别人的能力问题，我觉得自己平平淡淡的处境挺好的，没有必要太疲于奔命。还有，我也不会在背后说任何人的坏话，我觉得“多一事不如少一事”，我不想蹚办公室的浑水。

我最喜欢做的事情就是躺在家里睡觉，要是没有人来打扰我，我是非常开心的，我可以一个人在家待几天，只是睡觉和看电视。我觉得这种生活让我非常享受。

从以上这段描述中，我们可以看出调停者的如下人格特质：

调停者是一个和事佬，当周围熟悉的两个人发生矛盾时，调停者会尽自己最大的能力安慰双方，找到让双方都满意的最佳解决方案。

比如，调停者的两个好朋友因为争论某一观点吵起来了，调停者会站出来说：两个人的观点各有道理，也有各自的不足，将两种观点融合在一起，才是最完美的。调停者处理人际关系的理念是，既不得罪这个人，也不得罪那个人。

调停者没有自己的主见，会根据别人的意愿安排自己的生活。他们的附和力非常强，只要是别人喜欢的，他们就会喜欢，他们考虑问题总是以别人的意愿为出发点。

比如，一伙人去吃饭，里面有领导主义者、享乐主义者和调停者，享乐主义者会列举许多好吃的东西以及吃饭地点。而领导主义者一定要决定去吃什么，到哪里去吃饭。最后剩下调停者，他不会发表任何意见，只要大家说哪里好，他就会觉得哪里好。

调停者喜欢做熟悉的事情，这样会让他们感到有安全感，他们不愿冒险和改变，因为这样会让他们无所适从。

比如，调停者不喜欢吃韭菜，不管你如何说韭菜的价值和好处，调停者都不会吃。因为在他们看来，尝试一个自己不熟悉的东西，太过冒险了。

调停者做决定的过程非常缓慢，他们会考虑之前的各种事情和因为这个决定而引起的后果，对于他们来说，失去一些东西是非常可怕的。

调停者喜欢平静和安稳的生活，他们不追求大富大贵，认为只要自己周围的人都相安无事就行了。周围人高兴，他们也会感到很高兴。所以，调停者由于很容易满足的心态，幸福感也相对高些。

调停者态度温和，是一个爱家人和朋友的老好人，别人需要他们的帮助，调停者都会积极主动地伸出援手，从来不会拒绝别人的请求。有的时候，自己明明帮不了，也会勉为其难答应。

比如，有个朋友向调停者借钱，恰好调停者自己也没有钱了，但是他仍旧会答应朋友，他会向家人和其他朋友借钱，然后再借给那个朋友。

调停者害怕困难和挑战，一旦生活中有自己无法应付和处理的事情，调停者会采取逃避的态度，等待别人或者时间来为自己解决问题。

调停者喜欢为自己找借口，老是强调别人的优势，认为自己再怎么努力也不会追上别人，所以，尽管失败了也是情有可原的。

比如，当你将调停者和其他有些成就的人做比较时，你说："只要你肯努力，你的成就肯定比这个人要高得多。"这个时候，调停者肯定会说：“我可比不上人家，人家天生比我聪明，我再怎么努力，也赶不上人家的。”

调停者一般没有鲜明的个性，也缺乏创新能力，有的时候，连他们自己也不知道自己是个怎么样的人。总之，他们经常随波逐流。

调停者办事比较拖拉，不管做什么事情，他们总是尽量拖到最后一秒才去做。他们总想着在自己的拖拉中，事情会有所转机。

比如，你跟调停者约会吃饭，你一定不用担心对方会早到，因为他们绝对会踩着点来。惰性似乎是调停者身上的一大特性，他们在空闲的时候都是特别懒散的，不是睡觉就是看电视，或者是发呆。

调停者说话语速比较慢，语气平和，一般让人找不到中心思想，跟他们说话，你有种昏昏欲睡的感觉，但是你又会不自觉地跟着他们的思路走。所以，调停者也能从事销售行业，虽然他们语气平和，却有他们自身的魅力。

调停者喜欢慢悠悠的生活方式，他们经常慢悠悠地做事，如果时间充分的话，他们会考虑得多一点。

比如，调停者手头有一笔钱，他准备将这笔钱存入银行。他会仔细考虑钱存入银行的好处和坏处，想得尽可能全面之后，他才会行动。

调停者通常很在乎别人的感受，他们不会得罪别人，但有的时候也因为害怕得罪人，而搞得双方的关系都很紧张。

比如，印度圣雄甘地曾经发起的非暴力不合作运动就是典型的调停者的运动，他们的理念是既不想和对方发生暴力冲突，也不想和对方合作。

娱乐圈中的好好先生——何炅

说起主持人，大家第一印象肯定是能说会道，只要有他们在场，他们就一定会是整个群体的焦点，他们巧舌如簧，是一个典型的得理不饶人的主儿。可是，主持人真的都是这样吗？下面给你介绍的这位，不但没有大家想象的那么“毒舌”，相反，他还经常息事宁人，充当老好人、和事佬的角色，他就是湖南卫视《快乐大本营》的主持人——何炅。

作为好好先生的何炅是典型的调停者。作为调停者，他总是将大家的利益放在第一位，很少顾及自己的感受。当他周围的人产生冲突的时候，他总是力图找到一个有利于双方的解决方案。本着息事宁人的态度，他对利益的追逐和向往很低，他希望过那种与世无争、天下太平的好日子。

作为主持界的泰斗人物，何炅其实并不是大家想象的那样从小就能说会道，相反，何炅小的时候是一个内向、害羞的男孩，他在校的学习成绩优秀，但是他并不怎么跟其他同学打交道，经常自己一个人待在家里学习。何炅学习优秀的同时，也热爱文艺活动，经常被推荐参加学校的各项活动。在校期间，何炅懂事听话，从来不会给家里人惹麻烦，父母评价何炅是一个很令人省心的孩子。

从父母“令人省心”这四个字的评价中，我们可以看出，何炅小时候乖巧懂事，不会惹是生非，类似于和同学打架这样的事情，他是绝对不会干的，并且学习成绩好，是当时父母和老师心目中的“乖孩子”和“好学生”。

阴差阳错，何炅陪着同学去电视台竞聘主持，结果电视台的老师让何炅也留了下来，这才开始了何炅主持人的生涯。刚走上主持人的舞台，何炅尽力寻找适合自己的角色，刚开始，何炅出现在舞台上的形象是“大拇哥”和“毛毛虫”。那时的何炅将自己的搭档刘纯燕看作心目中的偶像，他发誓，一定要做一个像刘纯燕一样乐天派的主持人，给全国的小朋友带来快乐。

结果，因为外界屡屡对他进行人身攻击和产生误解，何炅暗自下决心，不能仅模仿别人，还要专心探索，努力走出适合自己的艺术道路。因此，他努力发挥自己的特长，做适合自己的节目，终于走进了快乐家族，主持了一期期《快乐大本营》。

正是靠着何炅出色的主持和善于调动气氛的能力，《快乐大本营》才被很多观众所喜爱，何炅也被越来越多的人所认识并认可。但是，不管何炅是怎样的表现，大家对他的印象始终是“好好先生”。

在主持《超级女声》节目的时候，因为节目广受关注，所以不管是评委还是主持，都被要求点评到位，犀利准确，当时《超级女声》的评委团被评为“毒舌评委团”。可是，直到节目结束，也没有人说过何炅是一个“毒舌主持”，大家知道原因吗？

何炅本人曾经说过，评委之所以会尖锐地指出选手的问题，是本着对选手负责任的态度，也与评委自己的性格有关，而自己之所以不犀利和尖锐，是为了不让选手感受到更大的压力。选手站在舞台上面对观众和评委已经很紧张了，何炅不想让他们再感受到来自主持人的压力，所以他给选手更多的是鼓励和支持。

不知道大家还记不记得这样一个场景：

在“天使任务”的总决赛中，比赛刚一开始，何炅就露出了自己“好好先生”的本色，向选手大打温情牌。选手刚一上场，何炅就将每个人都好好地夸了一番，让每个选手都很开心，之前的紧张和不安很快就消退了，使他们决战的信心更加坚定了。

后来，比赛结束了，何炅又帮助每一个选手拉票，每个选手他都能说出其与众不同的特色，不管最后的结局是胜利还是失败，选手们都爱上了这个乐观开朗、能在危难之时帮助自己的主持人。

从何炅在主持时对所有选手进行鼓励和安慰，到后来为了所有选手拉票，这些都说明了何炅在情感上是保持中立的，他不会刻意站在哪一边，他是一个调停者的身份，站在双方的立场上，为双方寻找解决问题的中间途径。对何炅来说，对两边都有利，能实现共赢的方式才是最好的方式。

实现共赢，这是调停者身上的显著特质，他们不追求将问题深究到底，而是争取能满足各个方面的共同利益。跟他们在一起，没有压迫感，也不会感到紧张，你会很平和地当你自己。何炅就是这样一个人。

曾经有八卦杂志报道，何炅在闲暇的时候总是带着自己的老婆和谢娜、张杰两口子一起出去玩。他们四个人在一起的时候，何炅总是被嘲笑和捉弄的一个，但是何炅从来不介意，只要大家开心，他也就觉得开心，甚至有媒体还拍到何炅帮老婆拎包。网上对这些报道的评论很多，说法也不一样，但是何炅依旧以微笑回应，对这些评论都不加理会。

或许何炅的态度和处事方式已经向人们表明了一种人生信念，即他希望自己能给周围的人带来欢乐，只要是对周围的人有益的事情，他就会去做。在外人看来，他可能没有自己的主见，也不发表自己的看法，但是在当事人看来，这是最让他感到满足的事情。何炅就是一个息事宁人的调停者。

在日常生活中，我们应该学习何炅这样的宽容、豁达又处处为别人考虑的处世态度，这样世界才会更加美好，社会才会更加安宁。

不紧不慢，按部就班——职场中的调停者

看重周围人的感受，经常充当和事佬角色的调停者当处于激烈竞争的职场中，是怎样的一种人呢？本节将为你介绍职场中的调停者。

职场中调停者的特点

第一，职场中的调停者喜欢按照原则办事，走妥协路线。在调

停者看来，按照原则办事可以避免与他人产生冲突，避免让自己卷入不必要的麻烦之中；同时，作为领导的调停者，他们对自己的员工要求比较低，认为只要他们能达到一般水平就可以了。

第二，职场中的调停者不适应变动和创新的工作，那种重复不变、单调刻板的工作是他们的最爱。在调停者看来，改变是一件痛苦的事情，他们宁可守在一个单位一辈子，宁愿重复没有任何变化的工作。

第三，职场中的调停者有高瞻远瞩的眼光，能沉下心来慢慢想问题，但是他们缺乏亲身实践和敢于拼搏的勇气，很多事情也只是想想而已。调停者要是能做出大事，都是因为受到外界环境的逼迫，他们不得已才会去做。

第四，职场中的调停者工作不紧不慢，在团队工作中，很有可能会因为他而影响团队整体的进度。必要时，领导要给予调停者提示和要求。

第五，职场中的调停者不会参与公司的政治斗争，他们对自己要求不高，很多事情只要过得去就可以了。当公司其他人有矛盾时，职场中的调停者也会尽力说和，他们没有自己明确的立场，只是本着不伤害对方利益的原则办事。

职场中调停者的案例

一

王美玲是超市的一名理货员，她为人平和，不喜欢斤斤计较，在别人有困难的时候，总是愿意伸出援助之手，因而，她的人缘在超市还是挺好的。

有一次，王美玲早早干完了自己的活儿，正准备下班回家。她忽然看到二楼的一个同事还在忙着贴价签，看样子还有很多工作没有完成。王美玲想了想，就卷起袖子准备去帮忙，这个时候，超市的经理过来了，他对王美玲说："如果你干完了，就帮着贴价签吧！"王美玲回答道："我现在休息会儿，我那边还没有干完呢！"经理没说什么，就走了。

经理走之后，王美玲重新来到二楼帮忙贴价签，同事好奇地问："你不是跟经理说自己的活没有干完吗？怎么又跑过来给我帮忙了？"王美玲笑笑说："帮你是我自己的意愿，我不喜欢别人指使我。"

案例中的王美玲就是一个典型的调停者，她平和以及不喜欢跟人斤斤计较的个性，说明她对周围的一切看得很淡。在帮助别人的时候，调停者也是出于自己的主观意愿，而不是听从别人的指使，别人的指使会让调停者产生被奴役的感觉。

二

向东是某单位的一名公务员，他性格随和，在单位从来不得罪任何人，也不拉帮结派，尽管身边的很多人都通过拉拢人际关系和送礼等形式，希望得到升迁，可向东从来不干这些事情。他对自己目前的状况很满足，觉得人就应该安于现状。

这几年随着私企大规模的扩张，向东单位的很多同事不满足于每月可怜兮兮的一点工资，先后有三名同事下海经商了，单位其他人也都有点人心惶惶，犹豫着自己该何去何从。可向东却是一副泰然自若的样子，他说："这么安稳的日子多好啊，干吗非要出去冒险呢？自古就有商场如战场的说法，万一赔光了，那岂不是得不偿失？"赞同向东观点的人说他考虑得很周到，不赞同他观点的人说向东是个胆小鬼。

不管怎么样，向东从不眼红别人，还是依照自己的生活理念，不紧不慢地上班下班，重复着永远没有什么变化的工作。在他看来，日子就是平平淡淡的，在这种环境下生活，会让他有安全感，他期望自己的生活永远也不要改变。

向东对生活的看法和追求就是调停者的典型做法，他们不喜欢改变，喜欢按照原则办事情，也不喜欢和别人争吵。他们希望生活可以平平淡淡，哪怕永远重复一样的生活，他们也不会感到无聊。

读懂职场中的调停者

第一，职场中的调停者办事比较拖拉，这与他们的性格有关系，所以在给调停者分配工作任务的时候，一定要将大目标化成小目标，然后一个阶段一个阶段地要求他完成，这样他才能取得最后的成功。

第二，职场中的调停者需要清晰和明确的工作架构，这个需求和职场中的怀疑论者是相似的。调停者因为性子慢导致的迟疑，而怀疑论者是因为考虑再三的态度，犹豫不定，所以对这两种人安排任务，必须做出清晰和明确的安排。

第三，职场中的调停者最害怕的事情是在工作中和别人发生冲突。这个特质和给予者是相似的。冲突的环境会让他们有种不安全感，他们希望通过自己的力量来帮助别人，而不是给别人带来麻烦。

第四，职场中的调停者能够活在当下，他们的欲望和需求比较小，升职和加薪的事情他们看得很淡。他们对自己要求不高，对别人也要求不高。所以，调停者不适合成为当掌控大权的领导，否则整个公司的效率无法得到保障。

第五，职场中的调停者自己做工作时会不紧不慢，所以，一旦与团体合作，就会影响整个团体的效率。这个时候你必须适当地提醒调停者，因为他一个人可能会带给其他人麻烦，一旦考虑到其他人，调停者就会及时地处理完自己的工作。

第六，职场中的调停者缺乏创新和勇气，一般具有冒险性的工作都不适合他们，但是如果外界能施加足够的压力给调停者，他们也会爆发出惊人的潜力。只要能正确引导，他们也会说出自己的理想、欲望和目标。

一切为了对方着想——婚恋中的调停者

当调停者处于恋爱和婚姻中，他们对爱情和婚姻又是怎样的态度呢？本节将为你揭秘婚恋中的调停者。

调停型伴侣的特点

第一，调停型伴侣一般会将自己的伴侣当作参考，对方喜欢什么，他们也会喜欢什么，对方有什么兴趣爱好，他们也会培养什么样的兴趣爱好。

第二，调停型伴侣处于恋爱和婚姻中，一般会将注意力高度集中在伴侣的身上，他们觉得只有彼此完全融合，才是最好的状态。他们会将伴侣的生活当成自己的生活，也希望伴侣将自己的生活看作他的生活，然而这样会让伴侣感到巨大的压力。

第三，调停型伴侣对感情的投入会高于自身的需求，一旦他们喜欢上一个人，就会无止境地付出，很难轻而易举地放手。他们会一切听从对方的指示和安排，很少去维护自己的地位。

第四，调停型伴侣在选择对象的初期会将周围人的看法带入其中，周围人认为好的，他们就会对对方表现得很积极，如果周围人不看好，他们也很有可能放手。可是一旦调停者选择和对方在一起了，他又会无条件地尊重自己的伴侣。

第五，调停者善于替自己的伴侣着想，他能很敏锐地察觉对方的情绪。在调停者看来，觉察对方的情绪要比觉察自己的情绪容易得多，所以，他们一般不会惹伴侣生气，如果对方生气了，他们也能第一时间察觉并且给予安慰。

调停型伴侣的案例

一

小倩是一个大龄剩女，她性格温和，不喜欢和别人计较，身边的朋友也挺多，可是却没有一个能当她男朋友的。

眼看身边的姐妹已经陆续步入了婚姻的殿堂，好多姐妹的宝宝都已经好几岁了，可是只有小倩一个人还形单影只。说起来，小倩也找过三个男朋友，但是都因为周围人的否定而没有让感情继续下去，这是怎么回事呢？

原来，小倩是一个特别缺乏主见的女孩，什么事情都要征求别人的建议，连交男朋友也不例外。其实那三个男孩，小倩都觉得挺好的，可是当大家见到小倩的第一个男朋友时说，这个男孩工作不稳定，也没有房没有车，小倩跟着他肯定要吃苦。在大家不看好的情况下，小倩和第一个男朋友分手了；第二个男朋友有房有车有稳定的工作，大家又说这个男的长得实在抱歉，以后影响下一代，小倩又不得不和第二个男朋友分手了；等小倩将第三个男朋友带回家时，周围人又说这个人是外地的，性格、家庭等因素都无法捉摸，就这样，小倩又和第三个男朋友分手了。

因为周围人的看法和挑剔，小倩现在都不敢再交男朋友了，每次一听别人提到相亲，她就头疼，她害怕自己又领回一个大家不满意的人。

小倩的案例会令我们感到不可思议，明明找对象是自己的事情，小倩为什么非要在意别人的看法，而这正是调停者身上的典型特点，他们往往将别人看得特别重，感觉自己无足轻重，因而找男朋友也不会以自己的意志为出发点。

二

王芬和张磊结束了八年的爱情长跑，终于步入了婚姻的殿堂，可是结婚没多久，王芬就忧心忡忡，见人就说，自己后悔结婚了，张磊给她的爱情压力太大了，大到她都无法呼吸。这是怎么回事呢?

原来，在王芬和张磊的相处模式中，张磊什么事情都要以王芬的意见为主，王芬喜欢什么，张磊也就喜欢什么，哪怕是吃一顿饭，也都要以王芬的口味为主。刚开始时，王芬认为这是因为张磊很爱自己，她心安理得地享受这种感觉。这种状态一直持续到两个人结婚。

结婚之后，张磊更加在意王芬，他要求两个人之间应该是透明的，彼此有什么话都要告知对方。开始时，王芬心情好了还会说几句，可是两个人生活在一起后，几乎天天见面，王芬也就没有再说的兴趣了，况且每天上班挺累的，王芬就想在家好好休息一下，但是张磊就是不让，死活要让王芬说说今天公司发生的事情，每当这时，都免不了一场激烈的争吵。

这不，两个人结婚还没有一个月，王芬就打包回娘家去住了，她再也不想每天都面对唠叨不休的丈夫了。

从案例二中，我们可以看出王芬的丈夫——张磊就是一个调停者。在婚姻中，他们总是试图完全融入对方的生活，也同样要求对方这样做，他们将自己的注意力全部放在对方的身上。其实，这样会让对方感到巨大的压力，而爱情是需要自由呼吸的。

读懂婚恋中的调停型伴侣

首先，调停型伴侣是一个很包容和体贴的人，在婚恋中，他们会为了自己的伴侣无限付出，但也因为如此，他们会对自己的另一半投入较多的注意力，这样会让伴侣感到巨大的压力。

其次，调停型伴侣能站在对方的立场上思考问题。跟调停者在一起，你们不会闹很大的矛盾，因为调停者会处处为伴侣着想，去感受伴侣的情绪，他们对伴侣的情绪很敏感，伴侣稍有不快，他们就会第一时间送上安慰。

再次，调停型伴侣对爱情投入的程度远远超过自身的需求。所以，他们不会轻易放弃自己的婚姻，对他们来说，和伴侣的分离就像是和自身的某一部分分离一样，会让他们感到特别痛苦。

最后，调停型伴侣会无条件地尊重自己的伴侣，不管多小的事情，他们也会选择听从对方的建议。他们可以为了维持彼此间的感情，而完全忽略自己的需求和感受，只要对方高兴，他们怎样都愿意。

表明你的立场——调停者心理调适

对于温和的调停者来说，他们不喜欢那些需要光鲜形象和不断推销的工作。总之，如果工作程序是不停变化的，这种类型的工作都无法得到调停者的青睐。调停者有很强的组织能力和细节管理能力，服务行业的工作特别适合他们。

调停者会为当下的事情提供毫不动摇的支持，但是这种支持并不是朝着有利于自己的方向发展的，而只是为了维护和平的环境。调停者会被其他人的生活深深影响，他们不需要控制其他人，就能感知到他人的需要，这是因为调停者总是将自己的立场和他人的愿望相融合。

调停者善于适应团队的特征、环境的特征或者那些与他们相关的重要人的特征。从心理层面来看，调停者是通过认同他人的愿望，使自己融入他人的生活，同时弥补自身的损失。如果没有一个可靠的团队作为支持，调停者就会失去人生的航向，他们就不知道自己活着的意义。

调停者会毫无保留地投入爱中，但是他们的感情很脆弱，很容易产生嫉妒和绝望的情绪。一旦身边的重要人物离开，他们就会感觉失去了身体上的一部分，甚至觉得自己的生存受到了威胁，特别没有安全感。

在九型人格中，调停者和给予者一样，拥有无条件爱的潜质，因为他们能通过自己的身心感知他人，但是需要注意的是，在感知他人的同时，不要忘记自己的需求。同时，调停者拥有充沛的精力，经常会做几份工作，但是他们总是不知道自己最应该做的事情是什么，因为生活中有太多的事情让他们分心。

作为一个调停者

当你不知道你此刻的感觉或者你想要什么的时候，别人可能会将你的沉默当作一种拒绝，所以你要适时地发表自己的看法和感觉，让别人能够了解你。

注意自己用沉默来被动抗拒的办事方式。有的时候，你必须明确自己的立场，沉默并不是一种恰当的不参与、不回答的方式。

如果你感到生气或者悲伤时，就将你的情绪发泄出来。你一般不会在别人面前表现出负面情绪，但是这会让别人误以为你是老好人，根本就没有脾气。

当别人干了一件让你特别难堪和生气的事情时，如果别人问你是否生气，先别着急否定，而是先好好想一想再回答。

当你感觉别人没有听你说话的时候，将这种感觉告知对方，而不是继续不停地说，这会让别人无比烦躁。

告知别人一件事情的时候，尽可能切中要点，不要做太多铺垫。

如果有人向你提问，先别着急回答，而是要弄清楚对方到底想知道什么，然后根据对方的需要再给出你的答案。

作为一个和调停者交往的人

试着让自己认真地倾听他们，并向他们暗示，你已经听懂了他们所要表达的重点，这样才能保证你们能顺畅地沟通。

要承认他们的存在。他们通常都比较敏感，认为自己是被排除在整个团队之外的，因此你需要重点强调他们的存在，让他们觉得自己是有价值的。

他们的注意力非常分散，说话常常没有要点。这个时候，你需要对他们发问，帮助他们讲清楚自己的观点。

当他们迎合你的观点时，不要高兴得太早。他们是典型的应声虫，现在的附和并不代表他们最终同意，因为他们对每个提议都可能持迎合的态度。

当你想要知道他们的想法和感觉时，不要着急得到答案，而是为他们创造一个宽松的空间，让他们考虑并决定。比如，你可以这样引导他们："我怀疑这样是否适合你？这能体现你现在的感觉吗？"

在商业聚会中，他们可能会和每一位发言者的意见一致，这个时候你就需要要求他们让你知道他们最终考虑的观点是什么。

心理专家给调停者的建议

他们最典型的情绪是抑郁或者愤怒。当调停者的注意力从一个真正的个人需求转移到充满困惑的思考或是某项不重要的活动时，他们的"心"已经沉睡了。

当调停者的真正需要逐渐显现时，那些原来通过被动反抗表达出来的怒火，也会逐渐浮出水面。调停者的愤怒实际上是他改变的动力，能帮助他找到自己真正的立场。当调停者试图将注意力从不必要的事情中抽离出来的时候，他们需要注意如下表现：

第一，总是依赖他人的帮助，需要借助团体的力量，不愿与他人分开。

第二，责备他人。因为自己太过在意他人的想法和愿望，一旦出现问题，就会产生“都是他们的错”的想法。

第三，变得很顽固。当感到他人施加压力时，不愿将问题拿到桌面上和大家一起讨论，而是自己僵持不动，逼着对方先采取行动。

第四，神情恍惚。在和别人谈话的过程中，脑子里还想着其他事情。

第五，不去积极努力，而是变得麻木和无动于衷。当出现问题的时候，没有想方设法地去解决，而是期望问题消失，还拒绝听负面的消息。

第六，无法注意到自己的真正需求，让太多的琐事分散了自己的注意力。总是不知道最应该做的、最主要的事情是什么。

第七，工作无法善始善终。总感觉自己受到了伤害，不认真对待工作，总是希望用最小的付出换来最大的收益。

第八，当自己无所事事时，会焦躁不安，总是在寻找消磨时间和能量的新方法。

第九，总是需要得到最多的信息，不主动向别人解释，寄希望于别人向自己解释。

第十一章

合理搭配，事半功倍——九型人格速配

如果你是一个完美主义者，而你的恋人是一个给予者，怎样能让你们的感情更加融洽？如果你是一个享乐主义者，而你的工作伙伴是一个实干者，怎样才能提高你们的工作效率，让工作氛围更加融洽？本章将为您揭晓合理搭配、事半功倍的秘诀。

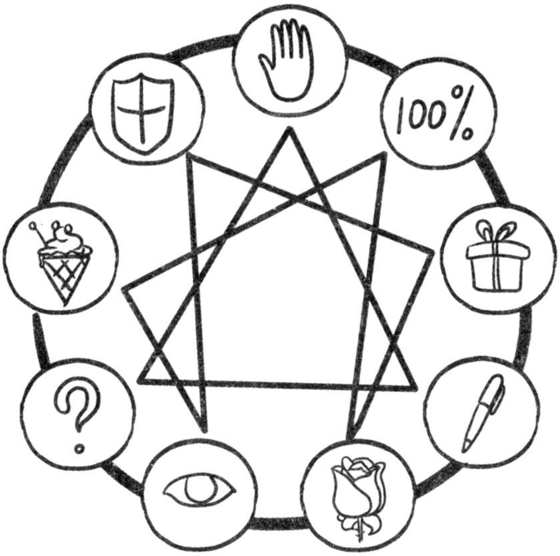

完美主义者与给予者

了解你的情感伴侣

完美主义者在意细节、关注现实，给予者充满感情，在乎情感和风度。当完美主义者遇上给予者，不管给予者是男是女，他们都会是恋爱中积极主动的一方。

完美主义者需要快乐和帮助，而这些给予者都能给他。因为彼此的需要契合，在刚开始的阶段，完美主义者和给予者的交往没有任何问题。

可是随着关系的进一步发展，完美主义者会将更多的精力投入工作中，而给予者则希望伴侣能给自己甜蜜的回报。从早到晚都忙于工作，连个问候和拥抱也没有，在完美主义者看来根本不算什么，却会让需要大量关注的给予者发疯。

在完美主义者看来，只有将自己的工作做好才能获得快乐，但是给予者却认为因为工作而忽略旁人的感受是极其错误的，这种做法应该受到惩罚。对于这一点，最好的解决办法是在紧张的工作之余增加一些情感接触和社会活动，这样双方都能接受并感到愉快。

当完美主义者和给予者相处的时间长了，完美主义者对于工作和生活的极致追求会让双方感到压力。当完美主义者将过多的精力投入事业上的时候，给予者会想自己的地位在哪里，两个人的关系就会变得越来越淡。

受到冷落的给予者很想得到伴侣的肯定，就会积极站出来吸引伴侣更多的注意力。如果伴侣对自己关怀备至，给予者就会扬扬得意，继续关心和呵护伴侣；可是，一旦伴侣对自己不理不睬，给予者就会焦虑不安，情绪大起大落。

面对工作上的压力时，完美主义者会将自己完全包裹起来，回避自己的感情。这种缺乏联系的状态会让给予者发疯。

比如，完美主义者由于工作压力大，可能不爱说话，一回家就倒头睡觉，有时会将自己关在书房里，不让给予者伴侣打扰。面对给予者伴侣做的美味早餐和送过来的咖啡，完美主义者没有赞美和感谢，有时上班，一天也不会给伴侣打电话。这会让给予者很痛苦，觉得生活压抑和死气沉沉。

其实，给予者在这个时候要学会体谅完美主义者的难处，他工作压力大，又无处发泄，要想帮助自己的伴侣，就要试着帮他承担一份责任，接受一些批评。但是同样，完美主义者也需要理解给予者想要得到关注的需求。完美主义者不应该带着评判的眼光审视对方，而是要提醒自己多做出一些亲切的表示，他们可以试着接受帮助，放弃“我应该自己照顾自己”的想法，不要总以为自己是不需要帮助的。

认识你的工作伙伴

当完美主义者和给予者处于工作状态时，他们一个是为了追求完美而工作，另一个是为了爱而工作。给予者在工作上通常会很成功，他们工作是为了获得爱。他们努力工作是为了获得别人对自己的肯定，如果没有得到肯定，他们会毫不犹豫地选择辞职。

当完美主义者和给予者在一起工作的时候，完美主义者常常会扮演负责人的角色，而给予者则扮演辅助者的角色，哪怕实际上给予者比完美主义者更有能力和经验。完美主义者需要的是绝对正确，而给予者需要的是得到欣赏。

当完美主义者和给予者合作时，给予者会充当完美主义者背后的支持者，因为他们不愿意挑战权威。只要完美主义者在情感方面给了他们足够的关注，给予者就会认真投入工作中，并且能出色地完成任务。

如果完美主义者是领导，他们对工作中的技术和程序会非常注重。完美主义者会将工作计划制订得十分周密，但是他们有的时候会过于强调技术的问题，而不考虑员工的实际感受。

作为给予型员工会对完美主义型领导只顾工作、不近人情的做法感到不满，但是他们通常不会发作，在他们看来这是自找麻烦，反正公司已经给了报酬，何必去惹麻烦呢？其实如果给予型员工能冒险说出自己的想法，问题反而能得到有效的解决。因为完美主义型领导或许已经意识到了自己行为的苛刻，他们心里也期望有所改变，然而给予者默不作声的态度，激发了完美主义型领导变本加厉的做法，使情况变得更糟。

完美主义者和给予者双方合作的最好状态是，给予者能有足够的勇气挑战完美主义者的想法和做法，而不是一味地明哲保身，只让自己感到满足和安全。

如果给予者是领导者，他们会特别在意公司的外在形象，他们喜欢与自己认可的人建立内在联系。给予型领导的这种做法会让完美主义型员工感到特别不舒服，完美主义者不喜欢外表的装腔作势，也不喜欢别人评估自己的价值，他们会通过自己的努力工作证明自己。完美主义者渴望遇到一个公正的领导，看到自己的成绩和价值，而不需要自己主动提出来，或者故意讨好给予型领导。

同时，给予型领导不容易控制自己的脾气，稍有不如意，就会立刻发泄出来，不过爆发之后，给予型领导又会很快忘记，他们根本不把生气发脾气当作一回事。可是，对于完美主义型员工来说，他们无法容忍给予者的这种脾气，哪怕只是随便的一句气话，完美主义者也要耿耿于怀好几天。

对于给予型领导、完美主义型员工这个组合来说，完美主义者不要太在意给予者的脾气，因为这些都是他们的无心之举；而给予型领导要记得修复他们对完美主义者造成的伤害，有的时候随意的一句安慰，就能消除完美主义者的担忧和烦恼。

享乐主义者与实干者

了解你的情感伴侣

享乐主义者和实干者的组合能让生活充满成功的冒险乐趣，他们总是忙碌不停，但是也正因为忙碌，他们往往对存在的问题视而不见。

享乐主义者和实干者这对夫妻可能没有太多的时间在一起，但是他们彼此都不会抱怨，因为他们都有自己的事情要做。尽管享乐主义者是为了寻找刺激，而实干者是为了事业。如果两个人想有更多的时间在一起，就需要双方缩小各自的兴趣范围，找到一个共同的方向去努力。

享乐主义者和实干者都只看重两人关系中的快乐成分，而忽略了关系中的缺陷。他们不会向彼此陈述自己的困难，可能是他们自己还没有意识到。一旦两人之间的问题越来越严重，实干者会欺骗自己一切正常，企图通过努力工作来摆脱烦恼；而享乐主义者会逃避痛苦，他们用憧憬美好未来的方式将困难变得合理化。双方的忽视会导致问题越来越严重，最终使夫妻双方都崩溃。

享乐主义者和实干者都非常自恋，他们总是让自己以一个积极的形象出现在大众的视线内，但有时这种形象会让别人觉得不真实、太做作。遭到质疑的时候，实干者和享乐主义者都会选择从公众视线中消失，实干者会尽力改变自己的形象，而享乐主义者会转移自己的注意力，并把改变合理化。

当享乐主义者和实干者的情感不断深入时，双方都会表现出明显的焦虑和不安。实干者的焦虑是因为他们过多地将时间投入了感情上，工作时间减少了；而享乐主义者会因为要对感情做出承诺和承担责任，失去了自己多重选择的机会而不安。

对于享乐主义者和实干者的焦虑，最有效的解决办法是实际行动，如夫妻双方可以设定短期的、具体的、需要情感投资的目标，每周留出特定的时间来两人共享，在共享的时光里帮助对方缓解焦虑和不安。

享乐主义者的性格可以为彼此的关系带来乐趣。对于一味追求事业成功的实干者来说，他们努力工作是为了赢得他人对自己的认可，他们很少考虑自己的感受；而享乐主义者身上对自我的满意和对自由选择的坚持正是实干者所欣赏的，他们在一起会产生一种有价值的快乐感。

对于享乐主义者来说，他们应该学会对伴侣的从一而终；而对于实干者来说，要学会从自己的工作中不断发现乐趣，并且在工作之余，能安排出特定的时间和伴侣享受生活。

认识你的工作伙伴

享乐主义者和实干者在合作之初，往往都会有很优秀的表现，但是他们却无法让工作善始善终，可能工作还没有做完，两人早已经分道扬镳。

享乐主义者和实干者的相似之处是他们都能给所在的工作环境带来积极向上的氛围，并通过不断扩大工作范围来保持自己对工作的积极性。比如，他们会同时运营好几个项目，或者让一个项目朝着多个方向发展。

享乐主义者工作的目的是获得冒险的体验，他们一般会选择新鲜的、令人兴奋的工作，总之一切能让他们感觉良好的工作，他们都愿意接受；而实干者工作是为了获得个人的成功，他们为了实现自己的目标，宁愿从事枯燥无味的工作。在他们看来，能让他们拥有良好的外在形象、名誉和利益是很重要的。

如果享乐主义者是一个领导，在工作的初期，他们总是充满灵感和受人欢迎的，可是当项目步入正轨之后，成功的享乐主义者就会将自己的管理大权授予他人，只有在出现紧急问题或者是发展瓶颈时，他们才会重返领导者的岗位。

通常，实干型员工会是享乐主义者授权的理想人选，实干者会从结果中获得满足感，只要享乐主义者的计划和决策具体可行，他们就会将领导的决策付诸实施。

在享乐主义者和实干者合作之时，最容易产生的问题就是因为目标不明确而导致的误解。有些不愿放权的享乐主义者会随着自己的思维变化经常更新决策，这会让员工无所适从。这个时候，实干型员工会替享乐主义型领导扮演管理者的角色，力图使领导的决策前后一致，而宁可让自己疲惫不堪。

享乐主义型领导需要做的就是给实干型员工满意的收入和公众

的认可，他们不该仅仅是简单的放权，也要给实干者一个具体的职位，这样双方会合作得更愉快。

如果实干者是一个领导者，他们会非常注重目标和结果，并可能因为效率而牺牲质量。实干型领导会将享乐主义型员工的热情当作是一种吃苦耐劳的表现，这两种类型的人都喜欢走捷径，只是享乐主义者走捷径是为了寻找乐趣，让自己不那么无聊，而实干者走捷径是为了尽快获得成功。

实干者作为领导者希望掌握足够的权力，而享乐主义者偏偏是最不将权力当一回事的人。尽管实干型领导分配给员工足够多的工作，但是享乐主义型员工一般都只是三分钟的热度，他们很容易产生厌倦感。这个时候，不知情的实干型领导还以为大家都在全力以赴地工作，直到出现重大的问题。

为了避免享乐主义型员工的漫不经心，在工作进行一段时间后，实干型领导最好能亲自监督或者明确将自己的权力分配一些给享乐主义型员工，一旦享乐主义型员工得到了更多的关注，他们的工作热情会立马提高。

观察者与浪漫主义者

了解你的情感伴侣

当观察者和浪漫主义者伴侣生活在一起的时候，他们对生活的琐碎充满着各种意义的解读。观察者和浪漫主义者双方都认定简单的表面之下还隐藏着更深层的意义，他们都是生活在自己思想中的人，尽管这些思想和社会的主流思想可能并不一样。

观察者和浪漫主义者都喜欢将自己关在内心世界里，但是很可惜，他们的关注点并不一样，观察者的世界是充满抽象理论知识的，和情感世界没有任何联系；但是浪漫主义者却对情感的波动特别敏感。他们就像是在黑暗中交错而过的两个人，彼此感觉不到对方的存在，但是随着时光的推移，他们将越来越像。

观察者通过回避与别人的交往来保护自己，而浪漫主义者是通过得到别人的关注来满足自己，我们经常可以看到这样一个场景：

遇到百思不得其解的问题时，身为观察者的丈夫就会将自己关在书房里聚精会神地学习和研究。这个时候，身为浪漫主义者的妻子就会感到特别无聊，她一面抱怨丈夫的不关心，一面哀叹自己的命运不好。浪漫主义型妻子越抱怨，观察型丈夫就越回避，并且观察型丈夫还会想：关心不关心，这都是你自己的想法，我并不是这样想的。

对于观察者和浪漫主义者伴侣来说，如果两个人能找到一种沟通的方式，两者之间的关系就会有很大的改善，这也就解释了为什么这两个人会越来越像。即双方都会为了适应对方而调整自己的表达方式：观察者需要了解自己的情感，浪漫主义者需要克制自己的情感。

就拿上面这个学习的例子来说吧！观察型丈夫可以适度对自己的妻子表达，我并不是不在乎你的感受，请容许我有学习和思考的时间，一旦我解决了困扰我的难题，我就会立马来到你的身边陪伴你。而浪漫主义型妻子需要注意的是，控制自己的情绪，少些抱怨，多给丈夫一些自我的空间，坚信他是爱自己的。

同时，作为一个抽象的思考者，观察者应该学会体会自己和伴侣的内心，要知道人与人之间的联系并不是完全没有必要的，有时候这种微妙的联系还会帮助他们发现许多神秘的知识；而对于感情细腻的浪漫主义者来说，他们应该学会调整自己对于爱的嫉妒心，要学会给伴侣和自己的爱一份自由。

认识你的工作伙伴

在工作中，观察者需要多一点情感，少一些理性；而浪漫主义者需要多一点理性，少一些情感。

观察者在工作中充满强烈的感情，他们能自如地表现自我，会被那些能发展自己想象力的事业所吸引，并且全身心地投入进去。这种时候，观察者和浪漫主义者能很好地合作，观察者的投入和热情能增强浪漫主义者的信心，推动双方的合作。

当观察者是一位领导者时，他们会在规定的安排内有效工作，会将自己的日程安排细致地整理和罗列出来。只要他们专注于某项工作，周围的人很难转移他们的注意力。保护私人空间是他们给下属的最重要指令。但是浪漫主义型领导者在管理上和观察者却不一样，他们更注重环境和外表，总是将自己的目光放在周围人的身上。如果浪漫主义者是观察者的下属，不妨安排他们负责产品的包装和企业的公共形象，那将会取得很好的效果。

值得注意的是，在日常工作中，观察型领导喜欢使用书面或者邮件的方式和下属交流，因为面对面的方式会让他们感到不安；但是，如果观察型领导使用这种方式和浪漫主义型下属交流，浪漫主义型下属会感觉自己不被重视，会产生很强烈的反感。

为了获得对自己的关注，浪漫主义型下属不惜通过故意犯错来引起别人的重视。这种时候，观察型领导只会通过解雇浪漫主义型下属的方式平息事端，但这又会进一步点燃浪漫主义者的怒火，他们会强迫观察型领导和自己面对面交涉。

这种时候，不管是观察者还是浪漫主义者都要积极地表达自己的想法，一旦公开各自的看法，让对方知道，彼此的矛盾和僵局也就会打破。对于浪漫主义型下属来说，他们只想得到别人的认可，他们需要多点理性；而对于观察型领导来说，他们只想在不抛头露面的情况下保持整个机构的工作效率，他们需要放弃一些理性，多听取大家的建议。

当浪漫主义者是一位领导者时，想要得到观察者的大力支持，只需要用一个特殊的项目将两个人联系在一起。观察者会在一个非常专业的领域做出很大的贡献，而浪漫主义者需要观察者为自己提供长久又稳固的理论支持。

在一项任务遇到困难的时候，观察型下属可能会选择退缩，他们不会主动和管理者交流问题，而是选择一个合适的形象来装扮自己，让别人挑不出自己的毛病。这时候的浪漫主义型管理者会极其愤怒，他们渴望别人理解自己目前的处境并且给予精神上的支持，对于退缩的观察者，只能逼迫他们来解决问题。

被逼急了的观察型下属会毫无顾忌地说出他的一切想法，包括可能说出伤害浪漫主义型领导的话。这个时候，如果浪漫主义型领导再对观察型下属的专业水平提出质疑或批评，两者的矛盾又会进一步升级。

但是，观察者和浪漫主义者都不是记仇的人。如果两人不想得到两败俱伤的结果，就该抛开过去的不愉快，重新开始合作。观察者无非希望自己的智慧得到认可，而浪漫主义者则希望自己获得特别的关注。

怀疑论者与领导主义者

了解你的情感伴侣

前后徘徊的怀疑论者和控制欲极强的领导主义者相遇，是大脑和身体的相遇。他们之间不需要浪漫的情感，一个充满怀疑的思维和一个身体力行的行动将促成他们的结合。

对于领导主义者来说，不管是男性还是女性，在恋爱和婚姻中，都是一个积极追求者的形象。这种形象对于消除怀疑论者的疑虑有很大的帮助。领导主义者通过掌握绝对的控制权和提供对弱小者的帮助来创造安全感，这刚好又和怀疑论者的不安全感互补。在两个人的情感关系中，不会主动表现的怀疑论者会认为自己是被需要、被寻找的对象，在领导主义者的控制和保护之下，他们会体验到绝对的安全感。

在领导主义者和怀疑论者的眼中，爱是需要用实际行动来表达的，他们很少说甜言蜜语，认为这是一件很虚伪的事情，他们只看重自己伴侣的实际行动，看对方会为了彼此的利益付诸怎样的实践。

比如，当怀疑型或者领导型的伴侣正为一件事情发愁的时候，你最好的做法不是想方设法安慰他，而是打听清楚他正在发愁的事情，并为他解决这件事。

面对困难和险境，领导主义者和怀疑论者会共渡难关，患有恐惧症的怀疑论者会一直站在领导主义者的身后，给予最忠诚的支持。他们是同甘苦、共患难的典型夫妻。

值得注意的是，领导主义者喜欢充当保护者的角色，而怀疑论者喜欢被保护的感觉，这两个人凑在一起合适极了。可是，当怀疑论者有严重的自我怀疑倾向时，他们会觉得领导主义者伴侣对自己的控制和保护有欺凌弱小的意味；当领导主义者的控制欲和保护欲太强的时候，他们也会认为怀疑论者就像是“扶不起的阿斗”，开始考虑是否值得为对方提供保护。

这时，双方都需要认真反思自己的行为。怀疑论者要的是不断的肯定，而领导主义者要的是绝对的信任。只要伴侣是强大和值得信赖的，怀疑论者就会将自己全部交付给对方，而只要伴侣能消除自己的疑虑，给他绝对的控制权，领导主义者也会完全容纳对方。

有趣的是，对于怀疑论者和领导主义者来说，平静的生活往往是在激烈的争吵之后。怀疑论者在受到刺激后，不得不向伴侣发泄自己的怒火，当他们将最坏的情况说出来后，领导主义者反而理解了他们的处境，并开始尝试着帮助和保护他们。这样，原本弱小、恐惧的怀疑论者反而变得强大起来，他们会为自己划定底线。领导主义者看到了他们的底线后，也会尝试着不去越过这条底线，双方的日子也就恢复了平静。

认识你的工作伙伴

作为一起工作的伙伴，怀疑论者办事谨小慎微，很怕出现问题，而领导主义者鲁莽冲动，只要想到，就要身体力行地实施。明确的规定和面对面的直接交流，将是怀疑论者和领导主义者成功合作的前提。

在面对压力的时候，领导主义者倾向于先发制人，希望能迅速掌控整个局面；而怀疑论者则习惯于退缩，他们首先要搞清楚行动之后的影响。在工作风格上，领导主义者习惯打破规定，希望将反对自己的力量最小化，认为没有什么能阻挡自己做任何事情；而怀疑论者会因为自己的想象力而夸大对方的力量和困难的处境，使自己做工作畏首畏尾。

如果怀疑论者是一个领导，他们可能会欣赏领导主义型下属的强大决心和面对困境时的坚韧。但是如果领导主义型下属违背了怀疑论型领导制定的规则，开始优先考虑自己利益的时候，怀疑论型领导就会觉得领导主义型下属是危险的，会想方设法处理掉这个麻烦。

怀疑论者处理麻烦的方式有两种：一是他们觉得领导主义型下属会对自己产生威胁，找个借口将其开除；二是怀疑论者会给予领导主义者过度的补偿，暂时平息目前紧张的局面。但是，当怀疑论者和领导主义者的冲突不断升级时，他们最终还是会选择让对方消失，这样才能让他们的内心得到平静。

其实，怀疑论型领导面对领导主义型下属时，最直接有效的方式是给出明确的规定并进行直截了当的交流。领导主义者会将怀疑论型领导的强硬态度和行动看作有能力的表现，领导主义者很喜欢有能力的人，他们也愿意替有能力的人办事。

如果领导主义型的人是一个领导者，他们会认为自己是权力的支配者，经常会擅自使用自己的权力，将符合自己意志的人保护起来。他们的这个举动极易造成怀疑论型下属的不满和疑心，让怀疑论者的不安全感更加强烈。同时，领导主义者也是一个暴君，底下的人要么会反抗，要么会逃走，怀疑论型下属就属于逃跑者。他们分析利弊之后，会选择躲避，不再为领导主义者卖命。

其实，对于怀疑论型下属，领导主义者需要做的就是给予他们不断的肯定和足够的安全感，只要不让他们针对目前的问题猜测自己的处境，就一定能留下这样的人。

同时，领导主义者应该认识到自己的强硬态度对他人的影响。

如果你是一个领导主义型的管理者，就要尽可能多地组织一些面对面的会议，让员工畅所欲言。怀疑论型下属经常会有一些出色的主意，可是他们对自己缺乏自信，领导主义者需要做的就是帮助怀疑论者摆脱这种怀疑，将自己的想法付诸实践。

最后，对处于职场中的怀疑论者来说，领导主义者敢想敢做的风格是值得自己借鉴和学习的，将盘旋在自己脑海中的主意付诸实践，对自己的职场生涯会有深远的影响；对领导主义者来说，怀疑论者周全的考虑和分析也是值得肯定的。这样可以避免不必要的麻烦和错误，使自己成为一个更加优秀的职场人。

观察者与领导主义者

了解你的情感伴侣

观察者是一个沉默的后退者，而领导主义者是一个强硬的前进者；观察者对外在的需求很少，而领导主义者想尽可能得到最大的利益；观察者属于内向型，领导主义者属于外向型。尽管这两种人的差异很大，但却是最常见的夫妻类型，这是为什么呢？

从每种类型在健康状态下和非健康状态下的发展情况来看，我们可以发现：观察者在健康状态下会慢慢表现出领导主义者的行为，而领导主义者在面临压力时，会退缩成观察者的状态。相互能向对方转化的彼此在长期的相处之后会变得越来越像。强硬的领导主义者会变得顺从，退缩的观察者也会表现得很果断。因而，两人的关系会越来越好。

观察者和领导主义者都崇尚个人自由，他们明确知道自己喜欢什么，不喜欢什么。他们不希望伴侣控制自己的生活，相互独立的精神能够保证夫妻两人在彼此交谈时毫无顾忌、诚实以对。但是，由于两人都不愿妥协的性格，他们很难因为自己对伴侣造成的影响而感到愧疚。

比如，当领导主义者处于痛苦的情绪当中时，观察者会想，你的痛苦和我没有关系，是你自己缺乏控制力。得不到体谅和安慰的领导主义者会极度想要报复，他们一般通过争夺双方关系的控制权来报复观察者。

当领导主义者慢慢向观察者靠近的时候，领导主义者和观察者会生活得非常安静，他们都沉浸在自己的生活中，但同时能感知到自己的爱人就在身边。不过，对于这种关系需要注意的是，因为双方都太沉醉于自我的世界，而可能忽略对方，两人之间的爱情慢慢就会不复存在了。

在让领导主义者和观察者都感到安全的环境里，观察者会及时表达自己的情绪，这个举动正好满足了领导主义者喜欢探究真相的性格。在这种关系中，不管是观察者还是领导主义者，都会感到无比的舒心，观察者体验到了被人理解和呵护的感觉，而领导主义者也满足了保护弱者、实现自己掌控的欲望。

需要注意的是，当领导主义者摆出自己想要控制局面的架势时，观察者一般是不配合的姿态，他们甚至会躲得远远的，让自己和对方不会有任何接触。观察者的这种态度会激怒领导主义者，他们的态度会更加强硬，使两人的矛盾迅速升级。

对于观察者来说，他们应该学习领导主义者表现出来的公众形象，这将促使他们和外界接触，同时，要将自己想说的话表达给自己的伴侣，不要一遇到问题就选择逃避的态度；对于领导主义者来说，要学会控制自己的情感，维护观察者的隐私。在成功的婚姻关系中，观察者会变得活力十足，而领导主义者会慢慢变得有耐心。

认识你的工作伙伴

观察者和领导主义者的合作从来不会掺杂任何感情色彩，他们属于公事公办，有一说一的人，但是两者都希望自己能够掌控权力。

观察者是一个值得信赖的同事，只要他们将注意力转移到眼前的工作上，周围的一切很难影响到他们。但是，观察者很少能让自己的想法付诸实践，因为实践意味着要接触他人，而他们是最不愿与人接触的人。领导主义者是最有野心的人，他们的控制欲很强，企图通过自己的不断掌握权力来控制周围的人。他们享受别人敬佩自己，并且听从自己安排的感觉。

当观察者处于领导者的地位时，观察者一般会在管理中表现出中立的态度，这种态度很让员工认可和喜欢。同时，观察者在决策一件事情的时候，一般都是就事论事，不会带有感情色彩，这个特质可以促使领导主义型员工毫无顾忌地说出自己的想法。尽管在表达自己想法的时候，领导主义者会因为生气而发火，但是这种时候观察者会远离，两人不会产生矛盾，并且彼此不记仇。

但是观察者和领导主义者的矛盾在于，领导主义者会趁观察者不在时，夺走他们的权力。领导主义者天生掌控欲强，而观察者又很少露面，这会让领导主义者趁机钻空子。等观察者自己处理事务时，他们才会发现领导主义者开始不听从自己的命令，擅自做主。随即，观察者和领导主义者就会陷入权力的斗争之中。

对于观察型领导来说，公开透明地处理一切事务，工作上的事情将会变得简单很多。同时他们应该和自己的下属开诚布公地交流，这样领导主义型下属就会对他们的管理真正信服，并全心全意为之工作。

当领导主义者成为领导的时候，他们通常都会十分自信，他们对员工采取两种极端的做法，即要么服从安排，要么立刻辞职。这也就导致了有些员工很喜欢他们，但也有一些员工很讨厌他们。这个时候，观察型下属一般会默默地站在领导者的身后，为领导者提供他们需要的支持，但是观察者却不会表明自己的身份。

一般来说，观察者和领导主义者是天生的同盟，但是他们两人的合作同样需要讲究策略。观察者谨小慎微，喜欢经过验证慢慢得出结论，从来不会在时机没有成熟的时候大胆冒进。而领导主义者喜欢迅速行动，他们瞧不起左思右想、徘徊不定的人。所以，聪明的观察者会通过撰写报告的形式和领导主义者进行交流，他们不断更新报告的内容，就是为了向领导主义者证明自己的正确。

对于观察者来说，他们在和领导主义者合作的时候要学会抓住机遇，该行动的时候就行动；而对于领导主义者来说，他们应该学会三思而后行。

调停者与观察者

了解你的情感伴侣

调停者和观察者的共同特点是都不喜欢成为被关注的对象，他们喜欢平平淡淡的生活方式，大起大落的生活会让他们无所适从。

这对夫妻之间很少有语言上的交流，他们对彼此的关注是通过共同的活动或者孩子联系在一起的。比如，一起外出旅行或者一起散步，或者因为孩子的教育问题在一起讨论，都会引起观察者和调停者对彼此的关注。

观察者是躲在一边观察别人的人，很少能够看到自己的需要，但是和调停者在一起之后，观察者会觉得自己也是被关注的，因为调停者对他人的需求特别敏感，他们是同一种人，很多事情都会感同身受。

观察者和调停者的情感反应都很迟钝。观察者在和别人交往的过程中，总是试图压抑自己的感情，而调停者的感情是通过长期的交往之后慢慢表现出来的。所以，一旦他们开始一段感情，就会给对方足够的个人空间。同时，他们两人都不喜欢被强迫做某种决定。如果别人强迫了他们，观察者会违背别人的意愿，做相反的事情；

而调停者会变得更加顽固，索性什么事情都不做。

一般来说，只要观察者和调停者在一起生活，他们之间会达成默契的协议，即允许对方有自己的私人空间，并且坚决不去打扰。观察者处于封闭的状态时，调停型伴侣会给他独处的时间，而调停者出去参加各种各样的活动时，只要没有影响正常的家庭生活，观察者也不会过多地干涉。

值得注意的是，观察者和调停者之间这份默契的协议也可能会使彼此的感情渐行渐远。观察者会远离感情，一直躲在自己的世界里；而调停者在一次次的交际活动中会越发变得麻木，两人的关系只会越来越淡。

所以，对于观察者和调停者来说，彼此之间的小冲突未必是坏事。偶尔的小冲突会打破观察者和调停者固有的相处模式，他们会让对方立马活跃起来，痛快地发泄后会让两个人走得更近。因为在亲密关系中，不管是快乐的体验还是痛苦的体验，都能让对方清楚地感觉到他们需要彼此。

观察者和调停者都属于在感情上很矜持的人，观察者保留自己的感情，是因为他们想给自己留下足够的后路，一旦两人有矛盾，观察者会很轻松地逃离；而调停者是因为他们没有安全感，不太确定是否该信任眼前这个人，所以保留自己的感情。他们之间最理想的关系是，观察者能自如地表达自己的情感，而调停者则需要一个永恒的承诺。

认识你的工作伙伴

调停者和观察者都不是积极进取的职场勇士，他们不愿争名夺利，只想自己能被关注就行了。不过观察者看重的是自己的思想得到别人的肯定，而调停者希望得到别人的尊重，看重的是一种感觉。

调停者和观察者在合作完成一件事情的时候，一般不会制造明显的摩擦，但是他们会存在缺乏动力的问题，因为他们很少有语言的交流，彼此按部就班地干着自己的事情，整个工作氛围会显得死气沉沉。

但是观察者和调停者会将工作坚持下去，不会半途而废。观察者一旦投入某项工作中（尤其是遇到自己感兴趣的工作和事情），无论什么也无法转移他们的注意力；调停者比较谨慎，他们害怕出现错误，也会专注于自己的岗位。不过要让这两种人开始一件工作，就必须给他们足够的动力，观察者的动力来自和别人交流思想，达成共识；而调停者需要同伴的鼓励和参与，让他们觉得并不是自己一个人在战斗，他们有强大的后盾。

当观察者作为领导者时，他们一般会通过幕后遥控的方式来控制公司的一切。对于调停型员工来说，这种事情简直让他们无法忍受，因为领导根本不在意他们的感觉，让他们觉得自己是被忽视了，而他们报复的方式就是不去执行观察者的指令。

所以，对于观察型领导来说，最重要的是要建立和调停型员工的共同管理模式，让调停型员工知道自己在为谁工作，工作是为了什么。观察型领导不能擅自行动，而是要学会和自己的员工并肩作战，这会让调停型员工有被需要的感觉，同时让调停型员工加入整个团体，能提高他们的效率。

当调停者作为一个领导者的时候，通常会建立一个适合双方合作的体系。调停者喜欢安稳太平的工作环境，而这恰巧也是观察型员工所喜欢的，只要调停型领导能给观察型员工一个明确的工作指令，他们之间的合作就会非常愉快。

但是，需要注意的是，观察者和调停者之间的沟通方式会有一些问题。观察者倾向于将工作中的问题具体化，寻找最严密的解决方式，他们一般坚持认为自己是正确的，应该采纳自己的建议；而调停者喜欢遇到问题和大家一起讨论，他们通常会采纳大多数人的意见，这样观察者就会和调停者产生冲突。

一旦观察者不满意自己的领导，他们通常会采取消极怠工的方式，让自己躲起来，不再提出可行的建议。这个时候，调停者为了更好地管理观察者，又会采取制定规章制度的方法，然而这样只会让观察者更加不情愿。

想要化解这种组合模式的矛盾，对于调停型领导来说，创造合适的交流平台，能听取独立的观点尤为重要；对观察型员工来说，在表达自己观点的时候做好足够的准备，有很强的说服力，也是非常必要的。

图书在版编目（CIP）数据

超实用九型人格心理学／杨珊珊著．—5版．—北京：中国法制出版社，2020.4

ISBN 978-7-5216-0891-5

Ⅰ.①超… Ⅱ.①杨… Ⅲ.①人格心理学-通俗读物 Ⅳ.①B848-49

中国版本图书馆CIP数据核字（2020）第030137号

策划编辑/责任编辑：陈晓冉（chenxiaoran2003@126.com） 封面设计：杨泽江

超实用九型人格心理学

CHAOSHIYONG JIUXING RENGE XINLIXUE

著者/杨珊珊

经销/新华书店

印刷/三河市国英印务有限公司

开本/710毫米×1000毫米 16开 印张/15.75 字数/218千

版次/2020年4月第5版 2020年4月第1次印刷

中国法制出版社出版

书号 ISBN 978-7-5216-0891-5 定价：49.80元

北京西单横二条2号

邮政编码：100031 传真：010-66031119

网址：http://www.zgfzs.com **编辑部电话：010-66071900**

市场营销部电话：010-66033393 **邮购部电话：010-66033288**

（如有印装质量问题，请与本社印务部联系调换。电话：010-66032926）